ナショナリズムの誘惑

木村元彦
園子温
安田浩一

ころから

内閣府 世論調査

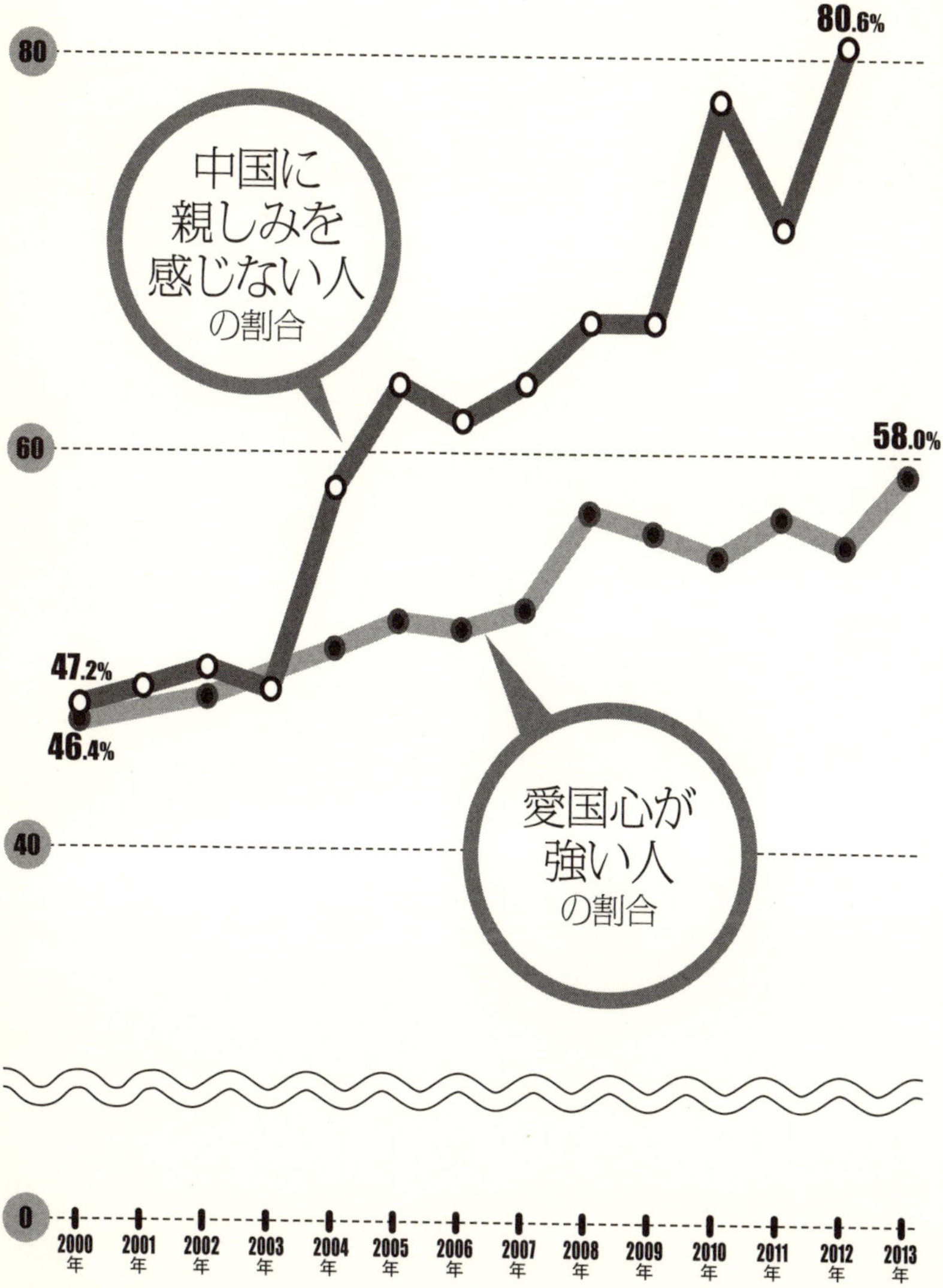
80
60
40
0
80.6%
58.0%
47.2%
46.4%
中国に
親しみを
感じない人
の割合
愛国心が
強い人
の割合
2000年
2001年
2002年
2003年
2004年
2005年
2006年
2007年
2008年
2009年
2010年
2011年
2012年
2013年

我われは、村上春樹が言うところの「安酒の酔い」――すなわち、安易な排外的ナショナリズム――に飲まれているのだろうか?

その問いが、この本のスタートラインだ。

民主党に政権を奪われていた自民党は、2012年の第46回衆院選で「日本を、取り戻す。」を公約に掲げて圧勝した。

自民党員だけではなく「日本が、奪われている。」と感じていた人びとの心に、この言葉が響いた結果だろう。

また、内閣府が行っている「外交に関する世論調査」によると、中国に対して親しみを感じない人の割合は、親しみを感じる人の割合を2001年に上回ってからほぼ一貫して上昇。最新の調査では過去最高の80・6パーセントが隣国に親しみを感じないという。

同じく内閣府の「社会意識に関する世論調査」では、愛国心が「非常に強い」または「強い」人の合計が2013年は58パーセントとなり、これも1977年の調査開始から過去最高を記録した。

尖閣を中国に奪われ、竹島を韓国に奪われた。

世界第二の経済大国の座を中国に奪われた。

北朝鮮の三代目によって安全や安心が奪われている。

テレビやクルマの販売シェアは韓国企業に奪われた。

そして、在日コリアンによって日本の富が奪われている。

虚実が入り交じった「現実認識」が、人びとの焦燥感を駆り立てる。

歴史を振り返ると、ドイツでナチスが台頭したとき、地方政党の党首だったヒトラーは「ユダヤ人を殺せ」とは言わなかった。人びとの不満を感じ取って、「ドイツの富がユダヤ人に奪われている」と言っただけだ。

この日本も、太平洋戦争の開戦前から「鬼畜米英」を叫んでいたわけではなく、欧米列強による経済制裁が続けば日本民族は滅ぶと怖れた結果が、数百万人の死者をうみだすことになった。

これらの歴史を知る21世紀の日本が、同じ愚を起こすことはないだろう。

しかし、「そんな可能性はない」と言い切ってしまっていいのか、「日本人はいま、その分かれ道に立っている」と思ったとき、おのずと3人の名前が浮かんだ。

木村元彦――「民族」紛争にさらされた旧ユーゴを取材し、サッカーという切り口から国際情勢を紐解いた手法は広く支持され、特に欧米諸国から「現代のナチス」とまで批判された新ユーゴ（セルビア共和国）を描いた『悪者見参』（集英社文庫）は、民族とは何かを問う野心作だ。

園子温――詩人であり、パフォーマーであり、そして映画監督である生粋の表現者。『愛のむきだし』や『冷たい熱帯魚』で熱狂的ファンを獲得した彼が、90年代に撮影し、長年お蔵入りしていた『ＢＡＤ ＦＩＬＭ』は、東京・高円寺を舞台に、日中の民族グループが対立するフィクションだった。

安田浩一——園監督がフィクションとして描いた排外主義をネットと街頭で実践する「市民団体」を取材し、２０１２年の講談社ノンフィクション賞を受賞した。90年代初頭から外国人労働者の実状を取材し、外国人排斥運動を行う人びとを生み出したのは「わたしたちだ」という視点は決してブレない。

「安酒」をあおって嫌なことを忘れたい「誘惑」にかられるのは、特別なことではなく、国家という枠組みの中で生きる人なら、誰もが経験することだ。ただ、その「誘惑」にかられたとき、思いとどまるのか、あるいは飲み干すのか、判断するには「言葉」が必要となるはず。

そのために、まずは彼らの「言葉」に耳を傾けよう。

奪われたのはどんな日本なのか、そして取り戻すべき日本は、どんな姿をしているのかを思い浮かべながら——

ころから編集部

CONTENTS

はじめに ③

第1部

鼎談「民族はフィクションだ」⑨
木村元彦
園子温
安田浩一

コラム「神話」の創作から「虐殺」までの5年間 ㉛
木村元彦

第2部
象徴にされた「尖閣」 87
地元の「札付き市議」が語る「地方と中央」の隔絶
木村元彦

第3部
メイキング・オブ・『BAD FILM』 101
園子温が語る「日中抗争」映画のオモテとウラ
園子温

第4部
日中韓の「ネトウヨ」は同じ夢を見るか？ 127
安田浩一

隣人を「悪魔化」して高揚する愚かしさ 152
——あとがきに代えて
木村元彦

第1部

鼎談「民族はフィクションだ」

木村元彦
園子温
安田浩一

聞き手　ころから編集部

在特会とはなにか

■いま日本では尖閣諸島や竹島などの領土問題をきっかけに、村上春樹さんいうところの「安酒の酔い」◇Aにも似たナショナリズム――安易な排外主義――が広まりつつあります。東京や大阪では「排害」を掲げたヘイトスピーチデモが毎週のように繰り広げられ、韓国や中国でも、日本と同じように「韓国は出て行け」あるいは「日本は出て行け」「中国は侵略をやめろ」といった声が、それぞれの国々で生まれてきています。この問題について、安田浩一さん、木村元彦さん、そして園子温さんにお話を伺います。

安田さんは、日本国内で「在日特権を許さない市民の会（在特会）」◇Bを取材されてきて、『ネットと愛国』（講談社）で2012年の講談社ノンフィクション賞を受賞されました。まずは在特会がどんな団体なのか、またどんな思いで取材してこられたのかというところをお伺いしたいと思います。

安田……『ネットと愛国』は、在特会――正式名称は「在日特権を許さない市民の会」という市民団体を取材し、それをまとめた本

◇A 作家の村上春樹が、2012年9月28日付け朝日新聞に寄稿したエッセイ「魂の行き来する道筋」の一節。領土問題が「国民感情」へと転化することを安酒に喩え、「ほんの数杯で人を酔っ払わせ、頭に血を上らせる。人々の声は大きくなり、その行動は粗暴になる。論理は単純化され、自己反復的になる。しかし賑やかに騒いだあと、夜が明けてみれば、あとに残るのはいやな頭痛だけだ」と指摘した。

◇B 2007年に桜井誠（本名：高田誠）を会長として組織された市民団体。「在日特権を許さない」ことを活動目的にしており、13年4月現在で1万2893人の会員がいる（約85％が男性）。歴史社会学者の小熊英二は、非正規労働者の問題を取り上げたプレカリアート運動と同じ07年に誕生したことに着目している。

です。

当初僕はこの在特会というものを、ネット右翼の代表的なもの、あるいはヨーロッパのネオナチ◆Aにも似た新手の政治運動として捉えていたわけですが、その内実に触れたことで、これを右翼や保守、あるいは民族派やナショナリズムという文脈で語っていいものか躊躇してるのが現状です。つまり、政治的な文脈で在特会を語ることにどれだけの意味があるのだろうかという疑問があるわけです。

もちろん在特会の物言いはすべて「日本人を守るため」というナショナルなものに回収されていきますし、あるいは彼ら彼女らが国、国家という文言を多用しているわけですから、ナショナリストとしての要素がないわけじゃない。ただ僕はいまだに彼ら彼女らから、明確な国家観であるとか、あるいはナショナリストとしての理想像といったものを聞いたことがほとんどないんです。ですから、彼ら彼女らの行動というものを、どのように捉えたらいいのか、この場で僕も改めて考えたいと思います。

たとえば在特会は、約200人の会員を集めて東京・鶯谷◆Bで大きなデモをしました。これがどんなデモかといいますと、「朝鮮人売春婦を日本から追放しろ」というスローガンを掲げて、鶯谷のラブホテル街

◆A Neo（新しい）Nazism（ナチス）と呼ばれ、外国人排斥を標榜するグループの総称。ドイツを中心にかつてナチスが支配した地域に広がり、ユダヤ人虐殺の事実を否定する集団を特に指す場合もある。スキンヘッドがメンバーの目印にもなっている。

◆B 山手線・京浜東北線の鶯谷駅を中心とした地域で、台東区根岸近辺を指す。行政上は「鶯谷」という地名はなく、駅前のラブホテル街を称することが多い。ちなみに、同駅の1日平均の乗降客数は2万3000人強で山手線で最も少ない。

東京のコリアンタウン・新大久保でヘイトスピーチを叫びながら練り歩く在特会のデモ隊

を練り歩くわけです。「朝鮮人売春婦を追放しろ」というシュプレヒコールに続けて、「朝鮮人はエイズをばらまいている」「朝鮮人は日本人の性を乱している」あるいは「朝鮮人は売春によって日本国家をズタズタにおとしめている」。だから「朝鮮人を追い出せ」あるいは「たたき出せ」。そして彼らは、最後に「朝鮮人は殺さなければならない」「焼き殺せ」と大声でシュプレヒコールして集会を終えるわけです。

これ、断言してもよいと思いますが、本当にバカらしい。醜悪で下劣で幼稚で、そして僕は情けなくて涙が出るし、反吐が出る思いで見てるわけです。

彼らは東京・新大久保◆Aのコリアンタウンでも、同じようなデモ行進を行っています。「竹島奪還」をスローガンに、約300人の在特会メンバーがコリアンタウンの真ん中を練り歩いてます。彼らはそこで「竹島奪還」だけではなくて、「竹島を不法占拠している韓国を許さない」という文脈で、「在日韓国人をたたき出せ」「殺せ」といった文言を何度も繰り返すんです。その場面は、動画サイトにアップされていますから誰でも見ることができます◆B。

■映像で見ると、「竹島は私たちのものだ」という主張だけでなく、

◆A 山手線の新大久保駅を中心とした一帯で、1990年頃からアジア系外国人相手のレストランができだした。2000年以降は韓国系が他国勢を凌駕し、いまでは約500軒の韓流系ショップが並ぶ。これらの店員は特別永住資格を持たない「ニューカマー」で、いわゆる「在日特権」とはまったく縁がない。

◆B 投稿動画サイトのユーチューブで「在特会」を検索すると6万件以上がヒットする。ほかにも「ニコニコ動画」などにも、数多くの行動記録がアップされていて、容易に「韓国人死ね」といったヘイトスピーチにアクセスできる。

「死ね」「毒飲め」といった過激なヘイトスピーチを行っていますが、彼らは何に怒っているのでしょうか？

安田……彼らは新大久保のデモで何を怒鳴っていたかというと、韓国コスメのショップの店員――多くは韓国人留学生なのですが――そうした人たちに「竹島はどこのものか答えろ」と詰め寄ったわけです。もちろん店員は客商売ですし明確な答えは出さない。そうすると苛立って、「きちんと日本のモノだと答えろ！」と。答えるまでは許さないということを大の大人たちが若い女性店員を取り囲んでギャーギャーと叫ぶわけです。それに反発した売り子を罵りながら、それで新大久保の街を練り歩く――。

いまでは、在特会への「カウンター」◆C行動も起きていますが、彼らは東京だけでなく、大阪で、あるいは京都で、福岡で、北海道で、仙台で、名古屋で、各地でこのような行動を行ってるわけです。鶯谷のラブホテル街での頓珍漢なデモを見れば分かるように、名目はなんでもいいわけです。

たとえば生活保護の問題。これに関しても在特会は言及しています。生活保護制度というものが不正にまみれた制度で、何よりも在日コリア

◆C在特会などによる排外デモに対して、13年初頭から「仲良くしようぜ」といったプラカードを掲げるグループや、在特会によるレイシズム行動を阻止する「シバキ隊」などが現れた。排外デモの広がりとともに、カウンター行動も全国的に広がっている。

ンが生活保護を受給することが許せない、それによって日本人が苦しめられているというロジックで、生活保護制度を「日本人の日本人による日本人のための制度」に戻せというような活動を各地で行っているわけです。

でも、その生活保護もネタの一つに過ぎないわけです。彼らは結局最終的に何を言うかというと、「在日韓国人は出て行け」「朝鮮人は出て行け」「朝鮮人を殺せ」「朝鮮人をたたき殺せ」なんです。こうしたデモを100人単位で各地で行っている。さらには、最高規模になると1000人とか2000人を動員することもできる。組織的な動員をしない彼らは、自分たちこそが市民団体だと名乗っているわけです。

マスメディアが黙殺した在特会

■安田さんが、こういった外国人排斥運動を取材されるようになったきっかけはあるんでしょうか？

安田……私は、もともと週刊誌の記者をしていました。ですから、様々な事件や事故、事象を扱ってきただけで、ナショナリズム、もしくは右翼など、イデオロギーに殉じた団体に精通しているわけではないのです。私は当たり前の週刊誌記者として、当たり前に普通の仕事をしてきたに過ぎなかったわけですけれども、私が週刊誌記者として手がけてきたものの中のひとつに、外国人労働者の問題があったんです。いわゆる移住労働者、日本で働いている外国人がどういう環境の中で働いているのか、あるいは働かされているのか。そうしたことを取材してきました◆A。その過程で嫌でも視界に入ってくるのが在特会だったわけです。

2008年のリーマンショック◆Bまでは、外国人労働者というのはいわばお客さんとして扱われることも多かった。ところがリーマンショック以降、仕事をなくした外国人の間から権利を主張する声が出てきた。ひとたび権利を主張すると、「お客さん」ではなく、「やっかい者」になるわけです。

日本人からは、「彼らは労働もせず権利ばかり主張している」「じゃまだから出て行け」「治安上問題だから出て行け」、そういう声が盛り上がっていくわけです。そうしたグループ、団体の中の一つとして、あるいはゼノフォビア（外国人嫌い）の流れの中で、在特会が頭角を現してきた過程があります。

在特会にはどういう人が集まってるのか。私は、初めて在特会を見た

◆A 安田の著書に『外国人研修生殺人事件』（七つ森書館）、『ルポ　差別と貧困の外国人労働者』（光文社新書）がある。

◆B アメリカの投資銀行「リーマン・ブラザーズ」が60兆円を超える史上最大の負債を抱えて倒産したことに端を発した経済危機。前年のサブプライムローン問題とともに、21世紀初頭の好景気に冷や水を浴びせ、時代の画期とされる。

ときに腰を抜かしたんです。右翼とか、あるいは保守に対して僕なりにロマン主義的なイメージはあったのだけれど、完璧に打ち破られた。つまり、普通に街を歩いている人と同じ格好なんです。

「右翼」といった場合は、たとえば日の丸掲げた黒塗りの街宣車であったり、特攻服であったり、いかついパンチパーマの男たちであったりというイメージを持たれるかもしれません。そして、一般的な右翼のイメージというのは、ネガティブな用語で語られることが多いわけです。しかし、在特会は違うんです。見た目には普通の人たちなんです。たとえばジーンズにTシャツであったり、普通のスーツを着てたり。そして年齢も、中高校生、あるいは大学生やフリーターから、会社員、主婦、そして年金生活者に至るまで非常に幅広い。言い方を変えれば、つかみ所のない構成をしてるわけです。

で、彼らはいったい何を訴えてるのか。最終的には在日特権を許さない——この場合の在日というのは在日コリアンのことですが——在日コリアンの特権◆Aを剥奪し、そして国◆Bに帰ってもらうための運動。こうしたものを最初はネット掲示板を通じて同志を集め、そしてそのまま街宣行動に持ち込み、今では路上にて大きな声で、ひたすら外国人は帰れと叫ぶ運動をしてるわけです。

◆A 特別永住資格をはじめ、在日コリアンがいわれなき差別を避けるために通名を使用してきたことなども「特権」としてあげつらっている。ほかに、課税されない、マスメディアに入社しやすい、国家行政を牛耳っているといった「妄想」も含まれることがある。

◆B 「国へ帰れ」と主張する在特会メンバーは、北朝鮮または韓国を「帰国」先と想定しているが、現在の在日コリアンの大半は日本生まれで「帰る」先ではない。また、「朝鮮籍」は国際法では無国籍を意味し、北朝鮮国籍であることとはまったく別もの。

■取材にあたっては、なにが困難でしたか?

安田……私は在特会に興味を持ったのは確かですが、取材を開始してすぐに彼らの言動がイヤになり、憤りも感じました。けれども、いったい彼らの憎悪の底に何があるのか。彼らは、その先に何を見てるのか。何をどうしたいのか、やっぱり知る必要があると思ったわけです。

私は週刊誌の記者をしてますから、いくつもの週刊誌にこの在特会を取材したいという企画を持ち込んだんです。結論から言いますと、どこの週刊誌も在特会に関して取り上げてくれなかったんです。便宜的に右派とか左派という物言いをしますが、いわば右的な週刊誌、あるいは左的な週刊誌や月刊誌を含めて、「在特会を取り上げるのは嫌だ」と強く言われたんです。

いったいなぜか。例えば「左」と呼ばれている雑誌、メディアは、在特会を取り上げることによって彼らに市民権を与えてしまうから、彼らを取り上げるのには反対であると言うのです。では、逆に「右」と言われるところはどうなのか。「在特会と一緒にされたくない」と言うのです。在特会のように下劣で下品な集団を取り上げることによって、我々保守メディアも同じように見られてしまうから取り上げたくない。そういう言葉が返ってきたわけです。

つまり、私はどこにも書くことができなかった。ところが、実際に目の前に在特会は存在するわけです。メディアは無きものとして扱おうとしたわけですけれども、在特会はそこにいるんです。私の目の前で１００人、２００人、ときに１０００人や２０００人という人を集めて、「外国人を殺せ、たたき出せ」そして「彼らを地上から抹殺しろ」と大声で叫んでるわけです。

それは、とても稚拙なスローガンです。ところが、そんな稚拙だけれどもシンプルな極論を意外にも多くの人が受け入れたわけです。いま「在日特権を許さない市民の会」のメンバーは1万２０００人を超えてます。もっともネット上でポチっとすれば会員になれます◆から、「会員」といっても相当温度差はあるでしょう。しかし、1万以上もの人が在特会に名前を登録しているわけで、そのうち何割かのアクティブな会員が毎週街頭に出て、ひたすら「殺せ」「焼き殺せ」「死ね」「たたき出せ」という言葉をまき散らしてるわけです。

私が感じたのは嫌悪以上の何ものでもなかったのですが、その憎悪の先に何があるのか、憎悪の源には何があるのか、そうしたことをやはり

◆入会時にデモなどに参加する「正会員」と、街頭行動には参加できない「メール会員」を自己申告するが、いずれも入会金、会費とも無料。同会のホームページから偽名でも登録ができる。

見てみたかったわけです。

それを取材してまとめたのが、『ネットと愛国』ですが、結論から言うと、この醜悪な団体の一人ひとりというのは、悔しくて悲しいけれども、僕と同じ人間なんです。血の通った、そして体温を持った、当たり前の、普通の人間に過ぎないわけです。つまり、僕と同じような人間が、ひとたび何かのきっかけでもって「敵を殺せ」「他者を殺せ」という主張を振りまくようになるわけです。

「下」からの差別

■ただ、外国人を排斥する心情や動きというのは、近代以降ずっとあったことだと思います。そういった伝統的な差別観と在特会の主張は一致するのでしょうか？

安田……在特会のメンバーが抱える憎悪はなんなのか。ずっと外国人労働者、移住労働者を取材してきた経験から言うと、在特会の主張――たとえば在日コリアンをたたき出せ、奴らは貧しくて汚いから出て行け――は目新しいものではないんです。日本はずっとそうした物言いで、排外主義的な感情を内包してきた社会なわけです。特に欧米

「良い韓国人も悪い韓国人もどちらも殺せ」といったプラカードを持って行進するデモ隊

以外の外国人への差別は昔からあったわけで、今に始まったことではない。しかし在特会は、そこに新しい味を一つ加えたわけです。

たとえば僕らの祖父母の世代、あるいは父母の世代から、「シナ人◆A は汚い」とか「チョーセン人◆B は何をしでかすか分からない」といった、上から見下すような差別があったわけです。ところが在特会というのは、そこにもう一つ新しいテイストを加えた。それが、「下から見上げる差別」です。

在特会はこういうふうに言います。「日本のメディアを牛耳ってるのは在日である」、「日本の権力を牛耳ってるのは在日である」と。「日本の言論界、教育、政治、経済に至るまで、在日によって支配されている」――これは妄想に過ぎないわけですが、でもそれを信じ込んでしまう素地が彼らにあるわけです。

つまり、彼らは在日コリアンによって、あるいはその他の外国人によって何かを奪われたと思ってるわけです。在特会のメンバーにはいろんな人がいて、一流企業に勤めてるメンバーもいれば、中学生もいます。単純にフレーミングすることは出来ないのですが、共通することがあるとすればただ一つ、不安や不満や憤りを抱えて、それをコントロールできない人々だということです。そうした人々がいわば「妄想」ともいえる

◆A 現在の中国を地理的に言い表した語として江戸期に広まった「支那」が語源。石原慎太郎らは「歴史用語だ」と主張するが、一部の日本人が差別的感情を含んで「シナ人」と表記したり発音してきたのも事実。

◆B 国籍を問わず朝鮮半島をルーツにする人びとのことだが、「シナ人」と同じく、日本に植民地支配（あるいは併合）された人たちを「チョーセン」「チョーセン人」と侮蔑的な意味を込めて呼称することが少なくなかった。

ような言説に飛びつき、そして国家というものを借景にして、自我を保っている――そういう人々でないかと私は思っています。

ですから、彼らにとってバイブルとなるような経典はないんです。もちろん政党や結社のように綱領もない。ただ一つ、在日コリアンが憎い、外国人が憎い、出て行ってほしい。そうした思いを抱えていれば誰でも在特会に参加できるし、誰でも在特会員として路上でマイクを握ることができるわけです。

発散し、やさぐれた気持ちを浄化できるから気持ちいいんです。こんなにもハードルの低い、間口の広い政治運動は珍しいですよ。いや、彼らにとってみれば政治じゃないかもしれない。自分の不満や不安をいかに発散できるか。そうした場を、受け皿を在特会がつくったということなんですね。

でも、私が本当に怖いのは在特会じゃない。これはいろんな場で何度も話しているのですが、在特会というのは非常にわかりやすい。わかりやすいんだけど、その在特会を受け入れてしまう日本の空気というのがやっぱり今、あるわけです。

在特会の主張っていうのは、「在日コリアンは出て行け」とか「在日コリアンは不正に生活保護を受給してる」とかさまざまな物言いがありますけれども、これは彼らだけではなくて一般のメディアだって今ほとんど口にしてることです。竹島や尖閣の問題でも「中国をやっつけろ、たたきつぶせ」、「韓国を許さない」、こうした物言いを在特会だけでなく、大手の週刊誌◆で普通に飛び交ってる言葉なんです。

つまり、在特会が言ってるヘイトスピーチは特別に見えるけれども、そこは私たちの社会と地続きだということ。つまり、私たちの社会の中から在特会的なものが生まれてるということを自覚しつつ、彼らを直視しなければいけないんじゃないかなと、私はそのように思っています。

■いまの社会が在特会を生みだしたということですが、彼らが「被害者意識」を抱えるにいたったワケはなんでしょうか?

安田……新大久保の韓流ショップをやり玉にあげるのも、もはや憂さ晴らしをしてると言ってもいいわけです。ただ問題は、憂さ晴らしをしても何をしてもいいんだけれども、ここに現実に攻撃される被害者――在日コリアンや韓国コスメの販売員たち――がいるってことです。なのに、在特会の彼らや彼女らは、「自分たちが被害者だ」と思ってることが、タチが悪いと思うんです。

私はここで結論めいたことを言うことに躊躇しますけれども、在日特

◆12年から13年にかけて、「中国・韓国・台湾 グルになって攻めてくる」（週刊現代）、「中国よ、日本が勝つ」（同）、「中国人民解放軍 沖縄乗っ取り作戦」（週刊文春）といった大見出しが踊った。

権というものは、むしろ彼らがまず先に被害者だという意識があって、それを首尾よく説明するために「在日特権」なるものを彼らがネット上で「発見」し、それを攻撃することで在特会という組織が成り立ってるんではないかと、私は見ています。

これは、果たしてナショナリズムという文脈で捉えていいのかどうか。私が疑問に思うのは、その点なんです。現実に被害があったというよりも、被害者である自我を保つためにあえて「加害者」を設定した。その「発見」は、もしかしたら彼らの心のつっかえ棒であり、それがなければ生きていくことができないかも知れない。少なくとも満足な日常を送ることができない。だから在特会というのは、彼らにとって心のよりどころでありつっかえ棒である。私はそのように見ています。

「自然」でも「固有」でもない「民族」

■どうもありがとうございます。たしかに普通の週刊誌が「中国を倒せ」といった大見出しを出す時代ですので、在特会だけが排外主義に染まっているのか？　という問いかけだと思います。

一方で、旧ユーゴを長年取材してこられ、『悪者見参』（集英社文

排外デモを警備する機動隊。
東京・西新宿にて

庫）などの著作がある木村元彦さんには、旧ユーゴにおける民族問題、特に多くの日本人が固有のものだと思っている「民族」について、旧ユーゴではどうなのかを伺いたいと思います。

木村……安田さんのお話で、「在特会はナショナリズムの文脈で語れないのでは？」という投げかけがありましたが、ではナショナリズムとは何なのかを考えたいと思います。特にこの場での自分の役目は、日本国内では見えづらい「民族主義」というものを相対化することだと思って、旧ユーゴスラビア◆Aのことを話したいと思います。

旧ユーゴスラビアというのは、若い人は「ああ、とにかく民族紛争が起こって殺し合いをやったところだな」という認識じゃないかと思います。ところがちょっと年配の方、あるいは左翼の方はご存じかもしれませんけれども、60年代から70年代のユーゴスラビアというのは国連加盟国の中でも超優等生だったわけです。国連の事務次長をされていた明石康さん◆Bからも、「ユーゴ代表は国連ビルを肩で風を切って歩いていた」と聞きました。東西冷戦下において、アメリカ側にもソ連側にもつかない自主自立の路線で、労働者が自らを管理し、なおかつあの多民族が平和に共存している――。僕の知り合いで、10歳ぐらい年上の方が、ユー

◆A 1943年に6つの共和国の連邦制で建国されたユーゴスラビア社会主義連邦共和国のこと。多様な文化を誇り、「2つの文字、3つの宗教、4つの言語、5つの民族をもつ」と言われた。崩壊前の人口は約2300万人。

◆B 秋田県出身の外交官で、1957年に日本人で初めての国連職員となった。その後、国連カンボジア暫定統治機構の特別代表などを務めた。99年の都知事選に自民・公明の支持を受けて出馬したが、初当選した石原慎太郎に惨敗した。

ゴに行って、感銘のあまり自分の子どもにユーゴ君という名前をつけたくらい、そんなファンもいた国なんです。

それが、80年代の後半からです。血で血を洗う戦争に明け暮れてしまいます。みんな、あれだけ共存していたものがなぜなんだというところから、学者やジャーナリストが現場に入っていくわけですけれども、そもそも民族って何なのか、ナショナリズムって何なのか？　ということを僕も考えました。

広辞苑によると、民族とは「文化の伝統を共有することによって歴史的に形成され、同族意識をもつ人々の集団」とあります。ところが、その定義を現実にあてはめようとすると、非常に情緒的でなおかつフィクショナル（虚構）なものにたどり着くわけです。

年配のユーゴ人に、自分をセルビア人だと思っていたのかクロアチア人だと思っていたのかと聞くと、「紛争が始まる前までそんな意識すらなかった」と言うんです。エスニック・グループというのは当然もともと存在します。同じ言語を話す人や、同じような食生活や文化形態を持ってる人の集まりです。が、この差異をいったい誰が区切るのか。非常にこれは人為的なもので、人工的なものです。この点について、日本人は民族を「自然」かつ「固有」のものだと言って思考停止しがちですが、現実には近代国家◆ができてきたときに、内と外をつくるために「民族」なる概念が導入されたとも言われています。

つまり、こういうエモーショナル（感情的）かつ人為的なものを煽ることによって、昨日まで、本当についこの前まで一緒にお茶を飲んでたお隣さんを、銃を持って殺し合いを始めてしまう。その危険性というものを現場で感じたのが旧ユーゴでの取材でした。

一方的な情報を求める人々

■日本においても、虚構の民族を理由に殺し合うことが起こるでしょうか？

木村……在特会のような動きから、今後日本で旧ユーゴのような殺し合いが始まるかというと、私もそこまでは思いません。徴兵制があり、日常生活でも銃などの武器が身近にあったユーゴと日本では前提が違います。ただ、その危うさというものは認識しなければならない。あの見事に融合していたユーゴスラビアですら、あっという間に崩壊してしまって、隣近所の人を殺す、ときには自分の身を守るがゆえに、民族というコミュニティの中で生きていくために他者を排除し、「他民

◆封建的な君主政治を廃し、議会政治を基本とした法治国家のことで、一般的にはフランス革命後の民主国家を指す。「国民国家」とも呼ばれ、国内統合をはかるために国内危機を煽る全体主義的な政治家が民主的に現れる特性もある。

旭日旗を掲げてのレイシズム的なデモには、
右翼からも批判の声がある

族」という理由だけで女性をレイプしてしまう事態になったのですから。

「民族浄化」という言葉があります。ものすごい言葉です。民族——血脈というものを一番のプライオリティにおいて、そうでないものを排外することによって浄化していくという。英語でエスニック・クレンジングと言いますが、一説にはアメリカの広告代理店がボスニア・ヘルツェゴビナ政府にギャラをもらってあみだした言葉だとも言われていますが◆A、概念としてこういうものが流通している。その現場を私は取材してきました。

たとえば1999年の1月ですが、コソボ◆Bでアルバニアとセルビアの民族対立があったときの「民族浄化」現場です。

セルビア人の警官は、「コソボからテロリストのアルバニア人を追い出そうと、奴らと戦っているんだ」と言うのです。テロはありましたが、発端は当時のミロシェビッチ大統領が自治権を剥奪して、アルバニア語の教育を禁じ、行政機関からアルバニア人を排除したことへのレジスタンスです。セルビア側は、治安部隊を出してアルバニア側の「解放区」を攻撃しました。次にコソボ解放軍◆Cの基地へも取材に行きました。アルバニア人は、コソボを独立させろと主張し、多数派なのにもかかわらず、「もう武力衝突しかない、政治的折衝についてはまったく興味が

◆Aボスニア・ヘルツェゴビナ政府と契約関係にあったアメリカのPR会社のルーダー・フィン社が、セルビア（新ユーゴスラビア連邦）を貶めるために、第二次大戦中の旧ユーゴで使われていた言葉を英訳し、世界に広めた。高木徹の『ドキュメント戦争広告代理店』（講談社文庫）に詳しい。

◆B旧ユーゴの一地域で、2008年にコソボ共和国として独立を宣言。国連加盟国の90カ国以上がいまだ承認していない。コソボの語源は、ツグミの一種のクロウタドリから。

◆Cコソボ内のアルバニア人による軍事組織で、新ユーゴ連邦からの独立を求めて戦った。指揮官の多くは、2008年の独立宣言後に政府の重要ポストを占めている。

ない」と言いきっていました。

それは本当に他民族同士が殺し合いを始めてしまった現場でしたが、その中でとても印象的なシーンがありました。それは、アルバニア系住民が暮らすアパートだったのですが、すべてのベランダに——まさに花が咲いたようにパラボラアンテナがあったのです。全ての部屋にあったと思いますが、それらは本国アルバニア◆Dのテレビを受信するためのものだったんです。

つまり、情報の多様性をまったく認めず、一方的な情報だけを求める。セルビア側の情報は見たくもない、聞きたくもない、ということで隔絶が始まってしまう。融和していた時代というのは、セルビア人もアルバニア人も、普通に混在して、同じテレビ番組を見ていたわけです。それが、意図的に「アルバニア人だ」「セルビア人だ」ということを、政治家やナショナリストたちが煽ることで、敵か味方かを区別しだした。今のネット右翼を見ると、あのパラボラアンテナを思い出します。あとはもう、一発銃声が轟くと一気に隔絶してしまう。先週まで普通に食事をしていた隣人同士が、もう一切口もきかなくなってしまう。

そうして、目に見えて異なるもの、たとえば言語であったり文化風習であったりが強調されます。たとえば民族によって使っている暦が違う

◆D 旧ユーゴと国境を接するアルバニア共和国のことで、人口300万あまりの小国。18世紀のアルバニア公国の時代は、現在のセルビアなどを含む版図を誇り、そのため旧ユーゴ地域にいまも多くの「アルバニア人」が暮らすことになった。イスラム教徒が多いが、正教徒なども少なくない。

ので、アルバニア系とセルビア系では正月が異なるのです。昔は「私たちの地域は2回もお正月がある」と互いに招きあって喜んでいたのが、あいつらの祝日を祝うのは敵だと言い始めた。

その結果、「政治的な折衝はまったく興味がない」と言って、銃を手にして山に籠もって戦う。そういうゲリラの人たちも、出自を聞いてみるとアルバニア本国から来た民兵の他にも本当に普通の町中で技師をしていた、あるいは農民だった人たちで、「食うに困って山に籠もった」と言うのです。

■ものすごく乱暴な例えですが、日本に住んでいる在日日本人と在日韓国人が対立して、在日韓国人が東京の放送局は全く信用できないから、ソウルの放送だけを情報源にしだしたそんな感じでしょうか？

木村……たとえとしてはありますね。どこの、どんな情報を聞くのか。「純化」されたものだけでなく、「雑」なものというのは大事だと思うんですね。いろんな情報があることが重要です。

そして、コソボでは、アルバニア系を追いだしていた情勢が反転するわけです。反転するとはどういうことかというと、NATO◇Aの空爆

◇A 北大西洋条約機構のことで、欧州各国とアメリカ合衆国の軍事同盟。1949年の発足当初はソ連を中心とするワルシャワ条約機構に対抗する目的があった。冷戦後は、周辺地域の紛争予防を趣旨とするようになった。現在は28カ国が加盟。

が1999年に起こります。そして今度は、アルバニア側がアメリカの後ろ盾を得てお墨付きをもらうわけです。すると空爆後にセルビアの治安部隊が全部撤退してしまって、コソボ解放軍として山の中でゲリラをしていた人々が、武器供与や軍事指導を受けて、やがてコソボの正規軍となる。

そうするとどういうことになるかというと、逆の報復の連鎖ですね。国連が暫定統治しているプリシュティナ◆Bでも、NATOの空爆が終わると、今度はセルビア人が家を追い出されて難民になるわけです。あるおばあさんは、18歳のアルバニア人の若者に顔を殴られて、鼻骨が折れました。「私も私の親もここで生まれた。ここは私の国だ」と言い返しても、とにかく「出て行け」と言われたといいます。また、セルビア人がアルバニア系組織によって、3000人以上が拉致されました。セルビアの警察や治安部隊が撤退させられて無防備になったセルビア人はアルバニア系マフィアに拉致されて、隣国というか本国のアルバニアに送られて殺され、臓器を取られて売買されていたことがB92◆Cという放送局の取材で判明しています。実際、このビジネスは存在します。こういった連鎖は、いまも続いていて、コソボは独立したけれども、民族は相変わらず憎悪を続けているという現状です。

◆B コソボ共和国の首都。人口約50万人で、中世にはセルビア王国の都が置かれた。

◆C セルビアの首都ベオグラードに本拠を置くテレビ・ラジオ局で、ミロシェビッチ時代から数少ない独立系メディアとして、若者を中心に大きな支持を得てきた。その報道姿勢は、反セルビアの欧米でも高く評価されている。

「笑える映画」と在特会の相違

■ここまで、現実の世界を取材されてきた2人にお話を伺いましたが、つぎは劇映画など、さまざまな表現活動をなさってきた園子温さんにお伺いします。園さんは、フクシマ後に再び原発の重大事故が起こるという設定の『希望の国』◇Aなどを監督されていますが、かつて東京・高円寺を舞台にした映画『BAD FILM』◇Bを撮られています。これは、近未来の高円寺が中国人に乗っ取られて日本人と対立するというフィクションですが、どういった思いでつくられたのかといったところからお伺いしたいと思います。

園……ネットで在特会の映像を見て、たしかに『BAD FILM』とちょっと似ているとは思いました。僕は当時、「東京ガガガ」◇Cというパフォーマンス集団をやってまして、それは政治的な主張ではなく、旗に詩を書いて、渋谷や新宿を占拠して大声でポエムを叫ぶというもので、まったく一つのいたずらなんですが、在特会と響きはちょっと似てるなと思ったんですけどね(笑)。

でも、何かを謳わない、社会的なものを絶対に叫ばないというポリシー

◇A 2012年公開のフィクションドラマで、舞台は架空の「長島県」。公開時に「どうしてフクシマを題材にしたのか?」と問われた園監督は、「どうしてフクシマを題材にしないのか?」と問い返したという。夏八木勲、大谷直子らが出演。

◇B 2013年発売の「園子温監督初期作品集DVD BOX」(ハピネット)に収録されたが、劇場公開はいまだ実現していない。本書第3部に詳しい。

◇C 園子温が1993年5月に10数人の仲間とともに始めたパフォーマンス集団。「ここから先は左右なし上下なし夕刻の東京ガガガ」と書かれた横断幕を手に都内の繁華街を疾走するなどした。一時期は1000人以上の動員を誇り、その後のアナーキーなグループらに大きな影響を与えた。

のもとにやってて、その中にはやっぱり右翼とか左翼も、宗教団体の人が近づいて来て、こういうことを叫んでみませんかという提案もあったのですが、ノンポリであることが一つのテーマだったんで断ってきました。そういう集団でやっていたんですが、その集団が２０００人ぐらいに増えて、当時の僕は映画をやっていなかったんですが、何か違うことをやりたいと思って、「東京ガガガ」という一つの集団をつくったわけです。

その中で、こんなに人数が集まったんだから、一つ映画でもつくろうかということになって、それこそ高校生から中国人なんかもいて、そこから発想したんですけど、近未来の高円寺がアメリカ的な人種のごった煮状態になって、その中で、いまのネット右翼と同じように、特に思想もなく何となくお互いを排除したがってるという設定にしたんです。

でもそれは、一つのブラックジョークとして、笑える話として描いたつもりが、まさか今に至って現実化するとは思わなかったですね。僕は一つのジョークとして、でも面白いなと思ってやってみたんです。

シナリオとしては、最初はただ言い合ってるだけだったのが、徐々に暴力化してきて、最後は殺し合いに至るんですけど、それはあまり現実化してほしくないですが、前半の言葉で攻撃するという部分は現実化してるということにびっくりします。

ヤバいぐらいの問題作

■…『BAD FILM』では、1994年ごろの高円寺で撮影され、総武線もいまや懐かしい全身黄色の電車が走っていますが、撮影は実際の車内で、すなわち無許可で撮られたのでしょうか?

園……そうです。車内のシーンは全員「東京ガガガ」のメンバーで、中国人もそうです。許可なんて取れないですから(笑)。早朝の誰もいない電車を「東京ガガガ」だけで満員電車に仕立ててる。中国人もみんな友達なので、演技としてお互いを罵り合う。僕が一番先頭に立って、中国人を排除したがってる人間の役をやってるんですけど、始めはかわいくにらみ合ってる。あっても持ってるもので頭をはたいたり、その程度ですよね。ただ、彼らはメインになるテーマがないので、幟に書いてあるスローガンが「犬も歩けば棒に当たる」とか非常に安っぽい。その意味でも、在特会の映像とはよく似てます。

あくまでも「笑い」を求めてましたから、東京・渋谷のハチ公前での演説なんかも、「中国人ぶっ殺せ」とかひどい主張ですよね。でも、これ

「在特会をナショナリズムの文脈では語れない」
（安田）

が現実になるとは少しも思ってなかったです。

新宿アルタ前のシーンでは、本当の警官に僕たちが逮捕されることを前提に撮影したんですが、あまりの人数に逆に無視されて、結局自分たちで用意したお巡りさん役に捕まえさせるということもありました(笑)。

映画は香港が返還される◆A直前という設定で、中国人の女の子と、日本人の女の子がロミオとジュリエットなんですね。中国人の女の子と日本人の女の子が、レズで愛し合うというのが、一つのメインストーリー。ただ、当時(1994年)は、今みたいな排外主義的な時代が来るという危惧をしたかというと、そうではなかったかも知れない。若干は、その頃もあったかも知れないけれど、この映画はすべての差別についての映画であって、人種差別やレズとかゲイの性的な差別、それらを全部取り込んだんです。だから、ナショナリズムという問題もありますけど、ほかの側面からの差別っていうのも全部入ってるんです。

だから、お二人の話にものすごく刺激されています。

■当時の「東京ガガガ」は、「パフォーマンス集団」と見られていたと思いますが、園さんはどんな思いだったんでしょうか?

◆A 150年間にわたってイギリスに植民地支配されていた香港は、1997年に中国に返還された。その後、中国の特別行政区となったが、報道の自由や社会制度などの面で、いまも「一国二制度」となっている。

園……パフォーマンスというのもおかしいんですけど、当時は「表現のテロ」って言ってたんですよ。あるいは「歩行者地獄」をつくるとか。歩行者「天国」ではなく。あるいは、暴走族とも違うから、なんかよくわからないものだったんです。最初は10人くらいだったのがどんどん増えて、始末に負えなくて最後はものすごい数になったんで、古い大正時代の旅館を借り切って、そこにみんなで暮らそうってことになって、最後はウッドストック◆B状態になって。高円寺にあった「ハクエン荘」という旅館で、「ハクエンソウベイビー」が何人か生まれたかっていうくらいの、そういう野蛮な若者集団です。

『BAD FILM』は当時も今も劇場公開されていなくて、ほぼ20年の歳月を経て、DVD BOXとしてようやく発売されました。今回編集してみて、ちょうど時代とシンクロしてるというのが不気味でならないですね。逆に、ちゃんと劇場公開したくなりましたが、いま公開すると、これまでの作品も問題作ですが、これはやばいくらい問題作ではないかなと思ってます。

◆B 1969年にアメリカで開催された野外コンサート「ウッドストック・フェスティバル」のこと。ジミ・ヘンドリックスらが出演し、3日間で約50万人を動員した。ちなみに、同フェスは当初予定されたウッドストックではなく、隣町のサリバン郡ベセル町で開催された。

「右翼も在日に支配されている」

■ありがとうございます。ここからは、フリーにディスカッションを進めていきたいのですが、まず在特会が、典型的な右翼のように街宣車を使わない理由はあるのでしょうか？

安田……彼らは車を持ってないから。

園……そんなお金がないからじゃないですか？　いまのように仲良し倶楽部なのが、みんなでお金を集めて組織化しようとなったら、メンバーが減っていくと思うんですよね。

安田……いえ、そんなことはなくて、彼らのスタイルの問題でもあると思います。つまり、街宣車イコール右翼という、外形的な判断をされないために、彼らはかえって車を持たないという現状があるわけです。彼らの敵は何かというと、既存の保守、既存の右翼、そして鈴木邦男◆のような新右翼なんです。彼らにとってみると、新右翼を含めて、右翼と名の付くものは、ほとんど容認できない。

なぜならば、この洗脳された日本社会に対して、「自民党も含めて保

◆新右翼団体「一水会」を率いる政治活動家。著書に『がんばれ！新左翼』（砦鹿社）などがある。ウェブマガジン「マガ9」で『鈴木邦男の愛国問答』を連載するなど護憲派とも親和性がある。

守は何もしてこなかったじゃないか」という思いがあるんです。「なぜなら現実に日本は左傾化してる」と。「在日が天下を取るような社会をつくってしまったわけだから、保守に責任がある」と。これは、彼らの認識によると、そうなるのです。

そして右翼に関して言うならば、「いったい何を成し遂げたのか」という疑念がある。右翼は一生懸命街宣活動をやってる、どなってる、威嚇してる。「でも、何一つ社会を変えてないじゃないか」と。なぜならば、右翼というのはこれもまた在日に支配されているんであって、「日本人の日本人による日本人のための純粋な民族運動が必要だ」というのが在特会の願いですから、彼らは極力右翼とはかけ離れたスタイルを追求している部分があるんです。

園……じゃあ、危険ですよね。むしろ先鋭化するかもしれないですね。

「草の根」が支える在特会

安田……その可能性はなきにしもあらずだと思います。しかも、彼らは金もあります。

園……金もあるんですか？

安田……スポンサーがあるとかではなく、いわゆるカンパが相当集まってます。ある支部でカンパ口座の預金通帳を見せてもらったことがあるのですが、主要メンバーも知らない人たちから、毎日、200円とか1000円っていうカンパが寄せられてるんです。これは大事なことなんです。大口の資本があるわけではない、資本家が背景にいるわけでもない、権力者がいるわけでもない。そうじゃなくて、純粋な「草の根」◆Aなんです。みんな少額のお金を出し合って支えてる。つまり在特会というのは、「草の根」運動であること、これが僕は非常に大事なポイントだと思ってるんです。

園さんが撮られた『BAD FILM』が、在特会と一つ違いがあるとすれば、映画に出てくる人たちがかっこよすぎる。在特会のメンバーとは見た目に大きな差があるということと、彼らは自覚的に暴力をふるうことはなくて、いわば集団の熱狂の中でつい手が出てしまう足が出てしまう。だから、一人ひとりになると本当におとなしいですよ。僕のところにも抗議は来ますけれども、直接に会ってみれば、たいしたことはない。

◆A 政党や行政が主導するものではない社会運動の形態で、「草の根運動」の略。19世紀の欧米が発祥の「グラスルーツ（草の根）」が語源で、上意下達の「ピラミッド型」運動に対する意味合いがある。

木村……在特会の人たちは、安田さんと話すときは敬語なんですよね？

安田……そうです。デモなどの取材に行くと、「安田、てめえぶっ殺すぞコラ」とか言う人が、あとで一人になると「あ、どうもお疲れさまです」とか、かわいいところもあるわけです。

内と外を分けるためのフィクション

■その集団性は、旧ユーゴではどうなんでしょうか。民族浄化の現場は、やられたらやり返せで、コソボでも最初はセルビア系住民がアルバニア系を追い出し、その次に逆転する。こういった集団性というのは、民族という括りだからこそ生まれるんでしょうか？

木村……民族とは、元来がフィクショナルなものなので、逆説的ですが実態のないものであるがゆえに、形になったらものすごく強固になってくわけです。ユーゴでいうとフラニョ・トゥジマン◆Bというクロアチアの初代大統領は、「我々の祖先はスラブ人◆Cじゃなくてアーリア民族◆Dだ」と言いだしたわけです。とんでもない神話ですよね。君らはドイツ人じゃないだろうと言いたいのですが、ナチス・ドイツの

◆B 90年から99年の死去までクロアチア共和国の大統領を務めた。旧ユーゴ独立時はパルチザンに参加し、後にはザグレブ労働運動大学の学長も務めたが、クロアチア民族運動に加担した容疑で逮捕されたこともある。日本のマスコミでは「ツジマン」とも表記される。

◆C スラブ系の言語（ロシア語、ポーランド語、ブルガリア語、セルボクロアチア語など）を話す民族集団で、東欧から中欧にかけて広範囲に暮らす。英語の「奴隷」（スレイブ）に似ることから僭称として使われることもある。

◆D もともとは、インド・イラン語派に属する民族グループを指すが、これらの地域を植民地支配する正当性を示すために、西欧人こそが純粋かつ根源的な「アーリア人」だとする説が英独を中心に広まった。現在では、ドイツ人などを「生粋のアーリア人」とする学説はほぼ否定されている。

時代にクロアチアは傀儡国として、ナチスと一緒に枢軸国だったという事実はあるんです。しかし、それが日本の天皇や北朝鮮の金日成もそうですが、建国神話に変質してしまったのでは別の問題になるんじゃないでしょうか。

さきほどの質問については、ボスニア・ヘルツェゴビナの首都サラエボの小学校の話を紹介したいと思います。

その小学校は地域に唯一の学校で、校舎もグラウンドもひとつ。そこにクロアチア系とムスリム系の子供たちが通ってくるのですが、校舎の中でふたつに区分けされていて、彼ら彼女たちは授業だけでなく休み時間も交わることがありません。

以前は、同じ校舎で分け隔てなく同じ授業を受けていたのですが、今は別々で、たとえばボスニア（ムスリム）側の教室では、先生が「クロアチアが先に独立を要求したから内戦が始まった」と教えます。一方で、クロアチア側の子供に「ムスリムの言葉を覚える気はないの？」と尋ねると「まったく興味がない。ぼくはクロアチア人だから」と答えるわけです。校庭でサッカーをしていた男の子に「イスラム教徒の子とは遊ばないの？」と尋ねたら、「宗教が違うから」「僕らの民族を殺した奴らと仲良くするはずがない」と。そして、「必ず仕返ししてやる」と言うのです。

「死ね」「殲滅せよ」といった言葉が、人でにぎわう
コリアンタウンに響き渡る

内戦の記憶もない子供が。

これは『オシムからの旅』◆のなかで書いたんですが、「民族とは自分たちの先祖に対して抱く共通の誤解と自分たちの隣人に対して抱く共通の嫌悪によって結びつけられた人々の集団である」との警句があります。

要するに自分たちの先祖に対して抱く共通の誤解っていうのは、さきほどのトゥジマンや日本の天皇の天孫降臨などの建国神話で、どうしても国を一つに統一するための神話となって機能することで、一つの「誤解」が「歴史」として流通し出すわけです。それは神話と結びついた歴史教育なんかも、そのひとつだと思います。

それから隣人に対する嫌悪。これはまさに、よくあります。いろんな敵――仮想であれ――をつくることによって中を固めていくという形ですが、そもそも「日本人」という概念が広まったのは明治以降だと言われてるぐらいですから。つまり、あるグループにとって居心地がいいのが「民族」だと言えます。

僕は在特会の取材をしたわけじゃないですが、旧ユーゴでのナショナリストたちの煽り方と似たような口調はあると感じます。それと、「出ていけ」「殺してしまえ」という排外的な論理は、たいていが先に来た人たちが後から来た人たちに対する優位性を持つための詭弁であったり、

◆「よりみちパン！セ」シリーズの一冊で、中高生にも分かりやすく旧ユーゴの歴史などを伝える。２０１０年に理論社から刊行され、現在はイースト・プレスから刊行されている。

内と外を区分けしていくための神話であったりすると言えると思います。

在日外国人も受け入れる在特会

■では、戦後の70年近く、国内で戦争状態になったことがない日本で、どういった人に「排外主義」が受け入れられているのでしょうか?

安田……いまは、しんどい世の中なんだと思うんです。さまざまな価値観を持った人が多様な生活を営んでいることが認識されるようになると、不安に陥る人が多くなるし、僕だってその一人なわけです。多様性や多文化共生というのは非常に大事なもので、なくてはならないものだと思うけれども、多様化すればするほど、自分の立ち位置がどこにあるのか、どこにアイデンティティーを求めたらいいのか不安に思う人が出てくると思うんです。その自分の存在のありかを求めたとき、行き着いた先が国家や民族といったフィクショナルなところに回収されていくという思考は、いま多くの人が多かれ少なかれ抱えているんだと思う。

ですから在特会というのは、僕は先ほど愛国心や民族主義とは違った文脈で語られるべき部分が多いという話をしましたが、それは在特会の中には外国籍の人や外国にルーツをもつ人間も入ってるからなんです。

『ネットと愛国』にも出てくる、〝ダルビッシュ〟というあだ名の青年で、顔かたちは本家のダルビッシュ有◆のように彫りが深くていい男なんです。身長も187センチくらいの本当にいい男。

そんな彼は、在特会のもっとも先鋭的な、戦闘的な活動員として何度もいろんなところに突っ込んで、警察にも逮捕されている。どうして彼が、外国人の母親を持ちながらこうした排外主義の運動に進んでいったのか。僕は話を聞きに行ったわけです。

彼が警察から釈放されてまだ数日目だったと思いますが、彼は家に迎え入れてくれ、2人っきりでソファに向かい合って、私がまず最初に質問したわけです。「君のお母さんは、どこの国の人だっけ？」と。そして、「ダルビッシュ君は、日本国籍でいいんだよね？」とも。これは、週刊誌の記者としては当然やらなくちゃならない確認だったんですけれども、そのダルビッシュ君は僕の顔を見て、「ふーっ」とため息をつくんです。で、5秒間無言の後に、彼はようやく重い口を開いたんです。「僕は日本人です。日本で生まれました。日本語しかしゃべれません。これでいいですか？」。

僕はどう答えていいか分からなかった。そして、またしばらく無言が

◆大阪府羽曳野市出身のプロ野球選手。日本ハムからアメリカのレンジャーズに移籍して活躍する。父がイラン人、母が日本人のミックスで、身長は190センチを超える。

あって、それから彼は口を開いたんです。「安田さん、生まれてからもう何百回、何千回と同じことを言ってるんですよ、僕は」。つまり、僕の質問を彼は会う人会う人ごとに問われてきた。だから、彼は同じ答えを用意していて、いつでも答えられるように準備ができてるわけです。彼は人生の中で、それを何百回、何千回と答えてきたわけです。

彼は言いました。「僕は外国人に見られるし、外国人だと見られたらいつも『日本語しゃべれるのか』『箸持てるのか』、常にそういうことを問われてきた」と。「日本語しかしゃべれないのに、日本食しか食べてこなかったのに、日本で生まれたのに、何よりも日本国籍なのに」。

その彼を日本人として迎え入れてくれたのが在特会だったんです。彼は在特会の活動をたまたま京都の街中で発見した。日の丸の旗を持って、一生懸命がなってる在特会がいて、その醜悪な姿の団体に彼は近づいていったわけです。「何やってるんですか?」。在特会はこう答えました。「日本を守るための活動です」。彼は「僕も入ってもいいですか」と聞いたんです。在特会は、喜んで彼を受け入れたのです。彼がナニ人であるかを聞かなかった。彼の母親がナニ人かも聞かなかった。彼の国籍がどこであるかも聞かなかった。在特会は何をしたか。彼に黙って日の丸を渡したんです。

「外国人は出て行け」と叫んだ〝ダルビッシュ〟

■その時「ダルビッシュ君」は、どうしたんですか?

安田……彼は、日の丸を手に持って大声で訴えるんです。「外国人は日本から出て行け」と。そうすると、在特会のメンバーは彼に駆け寄り、握手を求め、拍手をし、肩を抱き寄せたんだそうです。彼は生まれて初めて「日本人になった」のです。日本人として認められたんです。日本人として彼は社会にコミットすることができたんです。

その受け皿を用意してくれたのが在特会だったというのが、非常に不幸な出来事であったとは思うけれども、それしかなかったということが、もっと僕は不幸だったと思うわけです。排外主義を訴える在特会しか、彼が日本人として生きていく場所がなかったわけです。誰よりも日本人になりたかったダルビッシュ君は、社会で受け付けられず、社会の中では「ガイジン」として差別され、ようやく在特会で日本人として迎え入れられた。

これは極端な例かもしれませんけれども、ダルビッシュ君に限らず、〝れっきとした日本人〟も多くの在特会メンバーが同じフラストレーションを抱えてるわけです。何か認められたいのに、どこにも認められなかった、誰からも注目されなかった、そして振り向いてほしいという気持ちだけが膨れる。その中で、在特会はすべてを受け入れてくれた――。

「在特会は右のべ平連◆だ」という言い方があります。誰もが参加できる草の根の組織という意味で。僕はべ平連に対して失礼だと思いますが、しかし在特会は確かに垣根が低いんです。誰もが入れるんです。で、誰が参加しても、ただ日の丸を掲げ「外国人は出て行け」と言うだけで握手を求められ、拍手され、肩を抱き寄せられるわけです。こんなに気持ちいい経験をしたことないという人々は、少なくないかもしれません。それが僕は在特会の嫌な部分ではあるんだけど、大きな魅力として、人々に訴えかける何かがあるんじゃないかなと思ってるんです。

■なるほど。多様性の中でこそ「自分探し」のような不安になっていく人が、そのまま受け入れられることで、自分の居場所を見つける。それは、90年代に園さんがリードされたパフォーマンス集団の「東京ガガガ」も同じような魅力を持ってたんでしょうか?

園……いや、今の話を聞いてると、かなり違う。「東京ガガガ」の場合は、渋谷駅前のスクランブル交差点で、車も人も止めちゃっ

◆市民団体「ベトナムに平和を!市民連合」の略称。評論家の鶴見俊輔や作家・小田実らが1965年に結成した団体を前身に、74年までベトナム反戦運動の中軸を担った。

て、みんなが一丸となって占拠するというように、むしろ対権力的な構図ができあがるわけですよ。それはものすごく、ある種の度胸試しみたいなところがあった。いまの在特会の「魅力」というのはよく分からないけれど、なにかが違うと思います。

そういえば、この前も税務署から電話がかかってきて、税務署員が「園さん、僕誰だかわかりますか」って言うんです。「え、わかんない」って言うと「東京ガガガですよ」というようなこともあって、その話を新宿の映画館の舞台挨拶で話したら、その映画館の支配人が「私も東京ガガガですよ」って（笑）。

だから元メンバーが社会のいろんなところに潜んでいて、それがちゃんと生活できているというのは、在特会と違うのかどうか――ぼくも在特会を知ったばかりなので、よく分からないですが。

現在進行形で語る表現者

■それに対して、ユーゴで実際に銃を持った人たちというのは、もともと農民であったり、技術者であったりした人たちが職を失ったがために、ゲリラとなったという話がありました。

木村……コソボ解放軍に関してはそうです。ミロシェビッチ元大統領◆Aが自治権を剥奪したことによって、コソボがセルビア化されてしまうというところで、アルバニア系の人たちは仕事を追われ、あるいは自らボイコットして山に入る。武器に関してはアルバニア本国から入ってきたものが多々ありました。

ただやっぱりNATOのお墨付きをもらってからは、それまで旧ソ連製のカラシニコフ◆Bだったものが、非常に近代的なアメリカ製のM2機関銃◆Cになったというのはありました。

ところで、私から園監督にお伺いしたいんですが、『BAD FILM』の撮影のときに、「中国人を追い出せ」といったダミーのチラシを配ってたら、それに賛同した人たちがいたそうですが、もしかすると、その人たちが在特会に入ってるのかなともちょっと思ったんですけど。

園……どうでしょうね。撮影したのは、ずいぶん前のことですから。

逆に、現在進行形といえば、旧ユーゴ内戦下で撮られた映画に『アンダーグラウンド』◆Dがありますよね。

木村……そうです。園監督はイチエフ（福島第一原発）が爆発して、すぐに原発をテーマに『希望の国』を撮ったわけですが、『ア

◆A セルビア共和国の初代大統領（90年～97年）を務めたスロボダン・ミロシェビッチのこと。ボスニアの情報操作によって、欧米では「独裁者」の印象を植え付けられた。退任後は人道に対する罪で逮捕され、拘留中の独房で死去した。

◆B 旧ソ連軍人のミハイル・カラシニコフが1947年に開発した軍用の自動小銃。構造がシンプルで安価なことから世界中に広まり、一説には1億丁が生産されたとされる。

◆C 第一次大戦中の1933年に米国ブローニング社が開発した機関銃で、米軍を始め現在でも使用されている。日本でも住友重機がライセンス生産し、自衛隊や海保が使用している。

◆D 旧ユーゴ出身のエミール・クストリッツァが監督し、1995年のカンヌ映画祭でパルムドール（グランプリ）を受賞した。ベオグラードを舞台に、50年にわたる戦場下の物語を描いた。

ンダーグラウンド』のクストリッツァ監督も、旧ユーゴが崩壊するさなかにあの映画を撮っています。カンヌ映画祭でパルム・ドール（グランプリ）を取るんですけど、ものすごいバッシングをされました。この戦争というのは、あの当時、特にドイツがクロアチア寄りで、アメリカがボスニア寄りでしたから、クストリッツァはセルビア系ということもあって――じつはお母さんはムスリムなんですけど――「こんなものはセルビアのプロパガンダ映画だ」とこき下ろされた。ご覧になった方は分かると思いますけど、プロパガンダなんかじゃない、素晴らしい映画です。

それで、クストリッツァも一時期は「もう映画を撮らない」というようなことにもなったのですが、映画監督の素養というのは、同時代を撮るというフットワークの軽さも重要なんじゃないでしょうか。

『アンダーグラウンド』には、狂言まわしにチンパンジーが登場しますが、あれは劣化した人間のメタファーとして描いたと言っていました。民族間の殺し合いは劣化した人間の仕業だという強烈な批判。

クストリッツァは、チトー◆が神格化されていた80年代にも、『パパは、出張中！』というチトー政権による粛清を告発するような映画を撮っています。

◆1953年から30年近くユーゴスラビア大統領を務めたヨシップ・ブロズ・チトー。ソ連のスターリンとも対立し、自主独立を目指したことから世界的な名声を得た。「ティトー」と表記されることも。

父親不在のなにげない家族の暮らしを描きながら、「スターリンを批判したユーゴだって政府による粛正があるんだぞ」ということをテーマにしたわけです。

「アパルトヘイト下」の日本人

木村……それだけ批評眼のあるクストリッツァに、「ユーゴ紛争」について聞いたことがあります。

クストリッツァが怒ってたのは、さきほども話しましたが、同じ敷地の学校で、それぞれの「民族」が違う教科書を使ってそれぞれが「正しい」と考える歴史を学び、7～8歳の子供が「あんなやつらはいつか殺してやる」と言うようなナショナリズムを政治家が煽ったことです。

彼はサラエボっ子で、民族融和の時代を知ってるわけです。だから排外的なナショナリズムを煽った政治家たちに対する怒りというものが、兄弟殺しを描いた『アンダーグラウンド』につながったと思うんです。ただ在特会と大きく違うのは、ユーゴの場合は〝上〟からのナショナリズムだったんです。文化の違いや差異を、ことさら煽ることによって敵と味方にして求心力を得ていったナショナリストの政治家がいて、クストリッツァはそれに怒ってるわけです。

例をあげますと、旧ユーゴのセルビアとクロアチアで使われていたのはセルボ・クロアチア語といって、セルビアとクロアチアでは、使っている文字は違いますが◆A、音で聞くと東京弁と関西弁ぐらいの差でしかないんです。ところがクロアチアが独立したときに、クロアチアのテレビ局が何をやったかというと、古いユーゴ映画にクロアチア語の字幕をつけたんです。そんなのなくとも、だれでも分かるのに。

わざと「違う言語だ」、「あいつらと俺たちは違う」ということを強調する。ああ、これがナショナリズムの一つの正体か、それを特化させて排外主義へ発展していくのかと思いました。

同じ文化を共有するエスニックグループは確かに存在しますが、「民族化」は政治家が仕組む。上からではない「草の根ナショナリズム」を標榜する在特会のメンバーは、旧ユーゴのような教育を望んでるのでしょうか?

安田……在特会の人たちは、保守派の自民党すら信用してません。彼らが望む日本とは、明確な国家観があるわけでなく、目の前にいる在日コリアンをたたき出せ、殺せと言ってるだけで、その先の社会がどうなるのかは分かってない。ですから、たとえばクロアチアやセルビアのナショナリストとは状況がまるで違うんじゃないでしょうか。

◆A 同じ言語だが、文字にする際は、セルビアではロシア語などに用いられるキリル文字を、またクロアチアではラテン文字(ローマ字)が使われる。見た目は大きく異なるが、話し言葉としてはほぼ同じ。

覚悟も戦略もなければ、思想もないというか。

ただ一つ言えることは、彼らは「奪われた者」であるという自覚だけはしっかり持ってるのです。典型的な例が京都の朝鮮学校を襲撃した一件です。背景が若干ややこしいのですが、京都の朝鮮学校が市の公園をグラウンドとして使用していることに対して、「日本人の土地が不法に奪われてる」という街宣をおこなったのです。しかも「朝鮮学校は北朝鮮に送金しているスパイ養成機関だ」として「ここは犯罪者養成学校だ」という論理で授業中の学校まで押しかけて、「スパイ集団は日本から出て行け」「日本人に土地を返せ」「朝鮮人はキムチくさい」「朝鮮人はウンコ食ってろ」というような、子供の口喧嘩でも言わないような街宣をかけました。

結果的に、在特会のメンバーが威力業務妨害で逮捕されたのですが、その事件について、朝鮮学校と地域住民が国連の人種差別撤廃委員会◆Bに「日本ではこうしたレイシストの動きがある」と訴えたわけです。これに対抗して、在特会も国連に書面を送るのですが、どんなことが書かれてあったか。

在特会の文章には、英語でこういうふうに書いてあった。「国連の皆様はアパルトヘイト◆Cをご存じですか。私たちはアパルトヘイトによ

◆B日本を含む人種差別撤廃条約加盟国による独立した監視機関で、スイスのジュネーブに置かれている。高校無償化にあたって朝鮮高校を除外した件で、日本は同委員会の審査を受けた。

◆C1940年代以降の南アフリカ共和国で、少数者の白人支配層によって行われた差別政策。白人とそれ以外の人種を分離し、非白人には教育機会や就労、移動をはじめ居住の自由もなかった。その反人道的な政策により、諸外国から非難されたが、「名誉白人」とされた日本は例外的に交易を続けた。語源はアフリカーンス語の「分離・隔離」。

る被害者なのです」と。

どういうことかというと、「日本では圧倒的少数者である在日コリアンが日本を支配している。日本の土地を奪っている。自分たち日本人は多数派でありながら少数派の在日によって苦しめられている」という論理で、自分たちは南アフリカのアパルトヘイトにおける黒人であって、在日コリアンは白人だという位置づけなんです。

「よい子の言説」としての左翼

■そこまで行くと、もはや妄想ですよね？

安田……妄想です。もし、世の中が在日コリアンによって支配されているなら、とっくに在日の選挙権が認められていますし、そうなっていないだけでも分かるはずなんです。論理がめちゃくちゃなのは、実は彼ら自身も分かっているかもしれない。だけれど、彼らは自分たちこそ被害者であって、何もかもを奪われたという自覚だけはある。メディアに裏切られた、政治に裏切られた、日本の保守に、右翼に、自分たちはずっと裏切られてきた。誰も日本人のための、日本人による日本人の政治をしてない。だからこそ、奪われたものを取り返すために、彼らは「外国人は出て行け」という主張をただひたすら叫び続ける。

ですからたちが悪い。「上」から仕込まれたナショナリズムではなく、自分たちが奪われた者だと規定し、それを取り戻す運動だと思ってるから、彼らはそういった先鋭的な言葉を吐かざるを得ないところまで追い込まれている、と言ったほうが正解かもしれません。

■そういう意味では、2012年の衆院選で「日本を、取り戻す。」と言った自民党が圧勝したのは示唆的ですね。

安田……その通りですし、もう一つ付け加えるなら、最近の在特会に加わってる中学生や高校生に話を聞くと、彼らにとっては左翼の言うことは「よい子の言説」にしか聞こえない。「平和を守ろう」とか、「戦争はいけない」「人種差別はいけません」というのは、「廊下を走ってはいけません」や「背筋を正しましょう」と同じぐらいくだらない言説として受け取っている。

ところが、在特会やその支持者たちが口にする「人種差別ＯＫ」、それから「戦争大賛成」、「原発推進、核兵器推進」——こういったことが、めちゃくちゃ危険な香りがするわけです。そこに彼らはひかれる。

そういう10代がいるのは、昔から同じで、60年代や70年代であれば、

「なかよくしようぜ」というカウンター行動も
全国へ広がっている

左翼というのは危険な香りがしたかもしれない。長髪とかジーンズとかロックンロールとかセックスっていうのは、いわば反体制の象徴だったし、デモに行って逮捕されるのは勲章だったりした。

ところがいまはもう長髪当たり前、誰がやっても驚かないし、ジーンズなんていまやカッコ良く着こなせば表彰されるわけです◆。ロックンロールは音楽の教科書にも載ってる、セックスは誰でもやっていて、デモも家族連れですこやかなイメージになった。そうした世の中において、左翼的なカルチャーがよい子のものになって、より危険なものを求める若い世代が、在特会のようなものに魅了されていくという図式が生まれつつあるというのが僕の実感です。

◆1984年創設の「ベストジーニスト賞」（日本ジーンズ協議会主催）のこと。2012年は相葉雅紀らが受賞したが、デニム地の袖なしベストで人気だったスギちゃんが落選し波紋を呼んだ。

ネットなくして在特会なし

■その中で、インターネットが果たした役割というのは、とても大きいんじゃないでしょうか？

安田……私なりの結論は、ネットがなければ在特会の運動は生まれなかったし、ネットがなければこうした広がりはなかったと思ってます。なぜならば、彼らはネットだけで流通する言語をそのまま持ち込んできたわけです。彼らは例外なく「ネットによって目覚め」、「ネットによって真実を知った」と、私に言います。

日本にはさまざまなメディアがありますが、メディアというのはすべて川上から流れてくるものであって、自分たちはそれを受けて判断せざるを得なかった。ところが、ネットによってようやく自分たちが発信する側、つまり川上に立つことができた。これは大事なことだと、在特会のメンバーは必ず言います。

つまり、発言する手段や手法を得て、発信する側になった、そして、分断されてきた個がネットによって結びついた。ネットは、そのための大きな役割を果たしたわけです。具体的には、在特会には「オルグ」◆Aという行為がありません。労働組合であったり、市民運動であったり、さまざまな党派はオルグすることで、運動員や党員を増やすということを日常的に行ってきました。

しかし、在特会では友達と連れだって、あるいは同級生や両親とか家族と連れだって在特会に入る人はまずいません。僕が知ってる限りはほとんどいない。彼らは在特会に入ってから、友達を発見するんであって、友達とともに在特会に入るんではない。言い換えれば、分断された個がネットで結びつき、自分は一人じゃないんだという実感を得ることがで

◆A 組織化を意味する「オルガナイズ」の略。特に新旧を問わず左翼グループが好んで使った。イントネーションによって、名詞的にも動詞的にも使用される。

きた。ネットがなければこうはいかなかったわけですから、やはりネットは大きな役割を果たしたというよりも、ネットがなければ在特会が生まれなかったんではないかと僕は思ってます。

フクシマこそが「奪われた」

■なるほど。では、みなさんにお伺いしたいのですが、尖閣列島や竹島などの領土問題で、在特会を含めて多くの国民にもナショナリズムへの誘惑というものが増してきていると思いますが、今後の日本社会はどこへ向かっていくのでしょうか？

園

僕は李明博《イミョンバク》前大統領◆Bが竹島に上陸した直後に釜山で行われた映画祭◆Cへ行ったのですが、ホットな話題として現地の取材班にも竹島の問題について聞かれました。けれど、街の若者にこちらからも聞いてみたのですが、みんな「独島◆D なんていらない」と言っていました。

しかも、全員が「100％いらない」って。クストリッツァ監督が言うように、誰かナショナリズムを焚きつけてる人がいるんだろうけれど、普通の人にとっては今月の家賃の方が重要なんです。僕が取材した人た

◆B 2008年から13年まで大統領を務めた。戦中の大阪市で生まれ、学生時代は韓国民主化運動に奔走した。大手ゼネコンに就職後は辣腕を振るい「ブルドーザー」と呼ばれたが、自称は「コンピューター付きブルドーザー」。

◆C 毎年10月に開催される釜山国際映画祭（BIFF）。アジアの新人監督の作品を中心に、70カ国以上から出展された約300作品が上映される。

◆D 竹島の韓国での表記。ローマ字では「Dokdo」と表記し、「トクト」と発音。ちなみに、日韓同様に領有を主張している北朝鮮でも「独島」と表記する。

ちによると、日本料理屋も満員だし、日本映画もすごい人気が高い。だから、報道されてるように、韓国で反日行動がものすごい過熱してるかというと、僕の見た中ではなかったですね。

釜山はソウルよりもずっと竹島に近いんですが、「全然いらない」と。

■園さんは、韓国メディアの質問に対してどのように答えられたのですか？

園……僕も「竹島なんていらない」と答えましたよ。はっきり言って、僕は福島のことばっかり考えてるんで。「国土のことを考えろ、今は福島のことなんかじゃない」って、日本では女性の元ニュースキャスターの人が言ってましたが、全く逆。福島の領土を自分たちの手で失ったけど、そこにどのくらい尖閣が入るんだ？◆Aと言いたい。失った大地のことを考えるなら、まずそっちを考えてほしいなと思う。

やっぱり誰かが「奪われている」と焚きつけあってるんだと思います。

こういうのを、僕は「全米が泣いた現象」って言ってるんです。人でもない「全米」が泣くわけないじゃないですか（笑）。アメリカの一部の人が泣いただけですよ。あと「カンヌ騒然」ってやつもそうです。どんなすごい映画があろうとも、カンヌの街は騒然としませんから。極

◆A 福島第一原発事故による帰還困難区域と居住制限区域の合計面積は約600平方キロメートルで、東京23区にほぼ匹敵する。一方、尖閣諸島の合計面積は約5・5平方キロで、フクシマで失われた土地は尖閣の100倍以上と言える。

端な話、カンヌの審査員すら騒然としてなくて、審査委員長だけが「騒然」としてる可能性だってあります。

だから、全米が泣かないように、カンヌが騒然とないように、韓国や中国も「激怒」しません。お互いに、大げさに煽りあって、だまし合って、最後は日本人自身も実は全く怒ってないっていう怪しい方向に行くのも、煽って焚きつけるやつがいるからですよ。

象徴にされた「尖閣」「竹島」

木村……ナショナリズムを煽りたい人は、なんらかの象徴を欲しがります。さっきも話しましたが、セルビアとアルバニアの対立に関していうと、コソボにミトロヴィツァ◇Bという街があって、街中に川が流れていて橋があるんです。そこで、毎日決まった時間になると、橋をはさんで投石合戦が始まるんです。お互いの住民が「コソボは俺たちのものだ」、「ミトロヴィツァを奪回するぞ」っていうんですけど、ほんのちょっと歩くと別の橋があって、そこでは民族に関係なく、普通に往来してるんです。他人から見たらバカバカしくて、「何が奪回や」「あんたら普通に行き来してるやないか」と言ってやりたい。でも、何かそういう「象徴」が欲しいんでしょう。

◇B コソボ北部にある人口10万人ほどの街で、中世から続く、コソボでもっとも古い街のひとつ。コソボ紛争後は、北部のセルビア人地区と南部のアルバニア人地区に分断されている、とされる。

その意味で、尖閣諸島も一緒だと思います。日本人で竹島に行ったことがあって本当に思いいれのある人がどれだけいるのか？　旧ユーゴでも、たとえばベオグラードに住んでるナショナリストが「聖地」と呼ぶコソボに一度も行ったことがない人はざらにいます。もちろん行ったことがなくとも想像力を働かせることは大事ですが、象徴としての「尖閣」や「竹島」というキーワードだけが独り歩きしだすと危険です。

園さんが言われましたけど、僕の韓国の友達も、「李明博大統領はとにかく最低だった」と言ってました。

日本に対して、特に怒ってもいないし、これまで通り普通だし、「独島だって、欲しいならあげるよ」ぐらいの感覚です。かつて、フォークランド紛争◆Aのときに、イングランドのトッテナム・ホットスパーというサッカーチームのサポーターが、「アルディレス◆Bがいてくれるなら、あんな島くれてやる」という横断幕をスタジアムに出しました。アルディレスはアルゼンチン人選手ですが、イングランド人にも愛されていて、「領土問題で当該外国人を差別するのはクソだ。結びつけるな」ということで、相対化ができてるんですね。そこが、日本の女性キャスターとは違うところです。象徴やシンボライズするものにこそ注意しなきゃならない。

◆A 1982年に、アルゼンチン沖の諸島（アルゼンチン側はマルビナスと呼称）の領有を巡って同国とイギリスとの間で起こった戦争。3カ月間の戦闘は英軍の勝利に終わったが、多くの犠牲を出した。当時の豪華客船「クイーン・エリザベス2号」が徴用されたことでも知られる。

◆B 「オジー」の愛称で知られる攻撃的ミッドフィルダーで、1978年にアルゼンチンがW杯を初制覇した時の主力メンバー。現役引退後の96年に来日しJリーグの清水エスパルスなどを率いた。2012年にはJ2に昇格したばかりの町田ゼルビアの監督になり、サッカーファンを驚かせたものの結果は最下位とふるわなかった。

ボスニアを追われ、その後に入植したコソボも追われたセルビア難民は、「国益っていう言葉を中央の政治家が言い出したときに、私たちはもっと注意しなきゃいけない」と言ってました。国益なんていう無人格なものに躍らされないようにしないといけないいんじゃないかと思います。

■コソボの橋の話は悲劇というか喜劇ですが、寓意的という意味では、映画の題材にもなりそうですね？

園　そうですね。でも、福島にも20キロ圏内と圏外を分けるボーダーがありまして、ひどいボーダーの分け方なんです。僕が取材した民家でも、庭の真ん中で区切られていて、「庭の向こう側へ入っちゃいけません」というので、自分の自宅だけど家に入れても庭には入れない。ひどいのになると、家のど真ん中で20キロ圏内と圏外に分けられて、居間とトイレは行けませんと（笑）。もちろん、その家の住民はトイレにも行ってると思いますよ。家の中には警備員も立ってませんから。

あと、もっとかわいそうなのは、二世代で住んでて、息子夫婦と両親の家があって、庭をはさんで住んでたら、その真ん中で分断されて息子夫婦の方だけ圏内だから出てけと。これはもう、何か新しい社会主義か、別の国家が生まれつつあるんじゃないかと思うくらいでした。もう少しフレキシブルに、融通をきかせればいいのに、そういうめちゃくちゃなことやって追い出してるんです、現実に。

昔の反政府レジスタンス運動みたいに、圏外の人たちは圏内の人たちをこっそり入れるために、裏の門を開けて入れてあげたりしている。普通に入れないから、圏内の家に戻る度にこそっと入れたりとかね。そういうのがいっぱいあって、ものすごくドラマチックですね。

沖縄を問題にしない政治家たち

安田……いま木村さんも園さんも話されたとおり、領土問題って非常に便利なんです。それを煽ることによって、国民生活の向上につながらなくても政治的な求心力になるという点において。重要な政治課題から逃避するための材料としても、もってこいなわけです。

ですから、個人的な意見を言いますと、誰も住んでない島で争うよりも、いま現実に人が住んでる島で軍隊によって住民が蹂躙されてるという現実をどう見るかってことのほうがよっぽど大事だと思ってるわけです。

■沖縄ですね?

安田…… ええ。沖縄の米軍基地問題◆Aの方が僕はずっと大事だと思ってますが、領土問題――しかも小さな島だとなおさら映像でも見えやすくて分かりやすいので、ナショナリズム的心情に火を付けやすい材料であることは間違いないと思います。

僕はこれをどうしたらいいかという答えは持ってません。ただ一つ言えることは、やっぱり領土問題に端を発したナショナリズム、あるいはナショナルな動きというものを、誰が利用してるかを見ていく必要があると思います。

たとえば自民党の片山さつき◆Bさんが言っていることは、生活保護の問題にしても、「ネトウヨ」と呼ばれる一般人と全く同じレベルです。さらに片山さつき支持デモというのが新宿で行われ、在特会のメンバーらが「片山先生万歳！」と万歳三唱し、その場に現れた片山議員が一人ひとりと握手し、そして新大久保のコリアンタウンをまた練り歩くというデモンストレーションをやってるわけです。

片山議員がネット右翼をリソースとしてるかどうかではなく、重要なのは、片山議員がネット右翼的な人たちをマーケットにしてることです。ネット右翼的な世の中になるかどうかは別として、ネット右翼をマーケットとし、政治的な動きにつなげていこうとする政治家は旧ユーゴの

◆A 在日米軍の面積比で4分の3が、また軍人数でも半数が沖縄県に集中している。特に沖縄本島の約2割はいまだ返還されず、「本土並み復帰」を願った県民の思いを裏切ったままになっている。

◆B 1959年生まれの衆院議員。芸人の河本準一の親族が生活保護を「不正受給している」と追求し、一躍ネトウヨの支持を得た。東大法学部卒の元財務省官僚とは思えない稚拙な日本語のツイートが、一部マニアに受けている。

ように次々と現れるかもしれない。この動きに注目するためにも、まずは「片山さつき」をウォッチしようと思っています。

「私たちのフジテレビが奪われた」

■そういう意味では、2011年に「韓流ドラマばかり流すな」とフジテレビにデモをかけた人たちがいましたが、あれはなんの象徴にされたと言えますか？

安田……僕が取材した範囲で言いますと、2011年8月に東京・お台場のフジテレビ前に6000人が集まりましたが、市民団体でその動員力はなかなか他にはないと思います。

6000人がお台場を埋め尽くして、そこで叫ばれたのが、「韓流ドラマを流してるフジテレビは許せない」「フジテレビは反日的である」「フジテレビは共産主義のアカだ」というシュプレヒコールだったのです。フジテレビの社員もびっくりですが、フジサンケイグループ創設者の水野成夫◆Aが草場の陰で憤死されるんじゃないかとさえ思います（笑）。

その場には、在特会メンバーもいましたが、僕がインタビューした限りにおいては在特会を知らない参加者の方が圧倒的に多かった。つまり、

◆Aフジテレビの初代社長。東大卒業後に日本共産党に入党したが、1928年に検挙され、「転向第一号」となった。その後は、財界の意向を受けたマスコミ人としてフジサンケイグループを率いて、敵対する労組をことごとく潰した。

これはインターネットの2ちゃんねる◆Bでの呼びかけに応えた人々で、圧倒的に多かったのは女性です。特に子どもを連れた主婦らが、ベビーカーを押しながらフジテレビにシュプレヒコールを浴びせるわけです。

これって、脱原発デモともかなり似ています。もしくは、ちょっと古い例えですが、彼女らが持ってる日の丸をしゃもじに代えたら、そのまま主婦連のデモです。

ただ、彼ら彼女らに話を聞くと、「在特会的なもの」は感じるわけです。在特会は知らないかもしれないし、もしかしたら在特会の活動に嫌悪感を持ってるかもしれない――少なくとも聞くに堪えないヘイトスピーチはなかったですから。ただ、彼ら彼女らの主張で僕が一番胸に響いてきたのが、「私たちのテレビが韓国に奪われてしまった」というもので、ここでもまた「奪われた感」なんです。

これは、フジテレビだったことが大事なんです。たとえばTBSだったり日テレだったりNHKだったらここまで大きな動きにならなかったかもしれない。というのも、いまの30代や40代にとって、「楽しくなければテレビじゃない」◆Cと宣言したフジテレビは「私たちのテレビ」だった。私たちにとってもっともなじみ深い、親しみのある番組を提供してくれたフジテレビが、よりによって韓国に奪われてしまった、と。そ

◆B 1999年開設のネット掲示板。「ハッキングから今晩のおかずまで」をキャッチフレーズに、かつては「世界最大」と称された。創設者の西村博之を犯罪者扱いしつつ、「日本からはマーク・ザッカーバーグ（フェイスブック創設者）もスティーブ・ジョブス（アップル社創設者）も生まれなかった」と嘆くのが、日本の良識とされる。

◆C 視聴率争いで低迷していたフジテレビが、1981年に打ち出したキャッチコピー。その後は、「THE MANZAI」や「オレたちひょうきん族」「オールナイトフジ」など、若者から絶大な支持を受けた番組を連発した。ちなみに81年以前のキャッチは「母と子のフジテレビ」。

うした意識のもとに集まった人が多いので、これは在特会の人々の心情とシンクロしてると思います。しかも、そのシンクロは徐々に強まって、その後は在特会と一緒にフジテレビや韓流ドラマのスポンサーである花王やロート製薬といったところにまで断続的にデモがかけられてるといった現状につながっていると思います。

文化の多様性を伝える

■では、最後に三人のみなさんが、安易なナショナリズム——村上春樹さんが言うところの「安酒の酔い」のような風潮に対して、どういうふうに向き合っていこうと思っておられるか。そのあたり、お聞かせください。

安田……難しい質問ですが、在特会のメンバーを見ていて気がついたのは、僕の若い頃にそっくりなんです。僕はレイシストにならなかったし、排外主義の思想に染まらなかった。けれども、僕も友達がいなかったし、何かを欲してたし、誰かに声をかけてもらいたかった。もっと言えば誰かに抱きしめられたかった。そういうコンプレックスを持っていた僕に差し出された手が何であったのか、初めて鍋を囲んだ相手が誰であったのか、意外とそんなことによって人の人生は決まってしまうのかもしれません。

ただ、僕はその弱さを免罪符とするつもりはさらさらない。弱いものが、さらに弱い者を排斥することについて、批判すべきものは批判し、唾棄すべきものは唾棄すべきものとして僕はこれからも主張していきたいと思っています。

レイシズムとは何かと問われると難しくて僕にはよく分からない部分もあるけれど、現実の、あるいは架空の差異に対して、なんらかの価値付けをし、同時に自分の攻撃性を正当化するために、その差異を利用すること——僕はこれはあってはならないと思う。在特会をはじめとするレイシストの彼らが、たとえどんなに弱くても、どんなに寂しがり屋であっても、どんなに何かを求めたとしても、その言動は許されるべきでないということだけは、繰り返し述べていきたいと思います。


木村…… 僕の場合は今、在日コリアンのアスリートと朝鮮学校の取材をはじめてます。こういった取材をしようと思ったのは逆輸入のような現象で、ユーゴを取材してからなんです。ユーゴを取材してきて、自分の問題に立ち向かったときにどうかなと思ったら、国内の問題、とりわけ国内の民族問題をやってこなかったなと気づかされた。在

排外デモを「在日コリアンの問題」じゃないと抗議する人々が自然発生的に集まる

日問題を古くからやっていらっしゃるジャーナリストの方からすると本当に新参者なんですけど、7～8年くらい前から少しずつ取材を重ねて、いつかこっちのほうも発表したいなと思ってます。

ルポの世界だけでなく、たとえば映画でも、大阪で生まれ育った在日二世の梁英姫《ヤンヨンヒ》監督◆Aがアカデミー賞の日本代表になられたりと、これも多様性の一つの結実の形だと思うんです。在日コリアンの監督が、日本映画を代表して海外に出ていくというのは。

そういった文化の多様性というものを日本の読者に——僕は日本語でしか書けませんから、知らせていきたいなと思っています◆B。

「全米が泣いた現象」に注意を

園……お二人が実に素晴らしいことをおっしゃるので、場違いな感じですが（笑）、僕が言えることは「報道はあてにならない」ということ。

たとえば、『おくりびと』◆Cがグランプリを獲ったことで一躍有名になったモントリオール映画祭ですが、ものすごく小さな映画祭で、モントリオールに住んでる人さえ知らない。もし、「高円寺映画祭」というのがあっても、足立区の人は知らない、そのぐらいなんです。それが『お

◆A 大阪出身の映画監督。大阪朝鮮高級学校の教師を経て、1989年に劇団「パランセ」を旗揚げ。父親を主題にした『ディア・ピョンヤン』はベルリン映画祭で受賞するなど、ドキュメンタリー映像家と注目されるきっかけになった。初めての劇映画『かぞくのくに』が12年アカデミー賞の日本代表に選出された。

◆B 13年4月から月刊「すばる」で、「朝鮮高校サッカー部を辿る旅」の連載が始まっている。

◆C 滝田洋二郎が監督した作品（08年）で、第81回アカデミー賞外国映画賞も受賞した。小山薫堂脚本、本木雅弘主演。

くりびと』の配給会社が宣伝のために——「全米が泣いた」と同じですが——「あの」って付けちゃったんですよ。

以前にも奥田瑛二さんがグランプリを取ってますが、『おくりびと』で箔を付けようして「あの」って付けちゃった。それ以来、みんな「あれ？　俺知らなかったけどみんなは知ってたのかな」と思って、じゃあ俺も「あの」って言っておこうとなって、引き返せなくなったんです。

確かに映画が大好きで、日本映画にもすごくリスペクトしてくれる立派なおじいちゃん◆が主催されてます。でも、相変わらず国際的に見ればモントリオールというのはめちゃくちゃマイナーな映画祭なんです。

だからそういった報道による過熱っていうのはいつもあって、ほんとはそんなに過熱していないものが、どんどんヒートアップしていくのが危ない。だから、「全米が泣く」ことはないし、「モントリオールが騒然」とすることはない、これだけは言わせてください。

木村……まさに、中国や韓国での反日デモの報道なんかも「全米が泣いた現象」ですね。全人民が反日のはずがない。今度から、こういった一事を万事のごとくする報道を見ると「ああ、また全米が泣いてるなぁ」とネタにできますね。でも、それとは別に、『ＢＡＤ　ＦＩＬＭ』はいまの時期だからこそ、ぜひ劇場公開してもらいたいです。

◆１９７７年にモントリオール映画祭を立ち上げたセルジュ・ロジークさんのこと。60年代から日本映画の上映会を企画し、朝日新聞のインタビューに「私は北米に日本映画の魅力を伝えた最初の人間だ。伝道師みたいなものだ」と答えている。

園　そうですね。まずは、モントリオール映画祭でグランプリを取って、それから公開してもらいます（笑）。

■皆さん、どうもありがとうございました。

木村元彦が解説する旧ユーゴ崩壊時のナショナリズム

「神話」の創作から「虐殺」までの5年間

他国を侮蔑表現する政治家

旧ユーゴスラビアで最も有効にナショナリズムを利用した政治家としてクロアチアの初代大統領フラーニョ・トゥジマン（多くの読者はこの名前にむしろポジティブなイメージを持っているのではないだろうか）の名が挙げられる。この極右の政治家に生前、直接の会談を持った2人の日本人外交官にそのキャラクターと評価を聞いたことがある。明石康・元国連事務次長と故大羽圭介・元在クロアチア全権大使である。

旧ユーゴ問題担当の国連保護軍（UNPROFOR）の文民指揮官としてボスニア和平交渉で幾度も折衝を重ねた明石氏は言った。

「トゥジマンは目的のために手段を選ばない男でした。目的というのはクロアチアを民族国家として独立させることで、彼は政治家としてそのことしか念頭になかったと思います。セルビアのミロシェビッチ大統領が都合の良いときだけ民族主義を利用する『機会的民族主義者』とするならば、トゥジマンは政治と民族主義を全面的にくっつけた『政治的民族主義者』です。彼は（隣国の）ボスニア政府に対してボスニア政府という表現を一度もしたことがなった。何と呼んだか？　侮蔑を込めて『あのムスリムの奴ら』と呼んでいました」

大統領自らが他国の政府に向かって排外主義的言質を発する。

ほんの20余年前にトゥジマンがユーゴ連邦からの独立を煽るために、手段を選ばずに行なったというその軌跡を辿ることで「政治的民族主義」の正体を垣間見ることができる。

血統主義による神話の創作

順を追ってみよう。１９９０年の選挙でクロアチア共和国の大統領に就任した彼が真っ先に掲げたのは「クロアチア人のための純血国家」宣言であった。

そもそもが当時のユーゴスラビアにおいて民族は自主申告制であり、兄弟でも異なる民族籍はざらだった。１９４９年にクロアチアに生まれた女性作家スラヴェンカ・ドラクリッチは『バルカン・エクスプレス　女心とユーゴ戦争』（三省堂）の中で自分の青春時代を振り返り「夫（セルビア人）と私（クロアチア人）はお互いの家族が何民族なのかを話し合ったこともなかった。タブーだったわけではなく、そんなことはどうでも良いことだったから。（ただの出身地として）問題にさえならなかった」と当時の空気を語っている。

ユーゴスラビアの崩壊

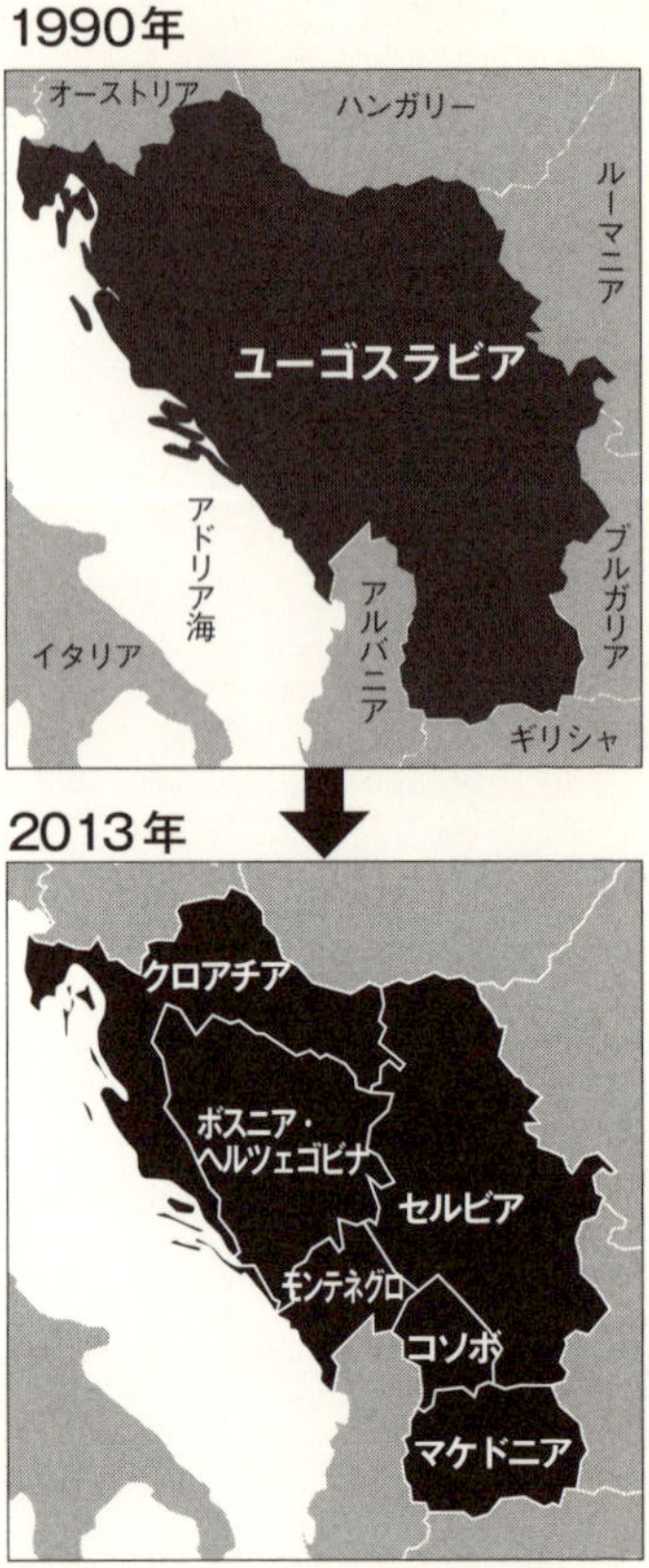

元々、旧ユーゴスラビアの公用語は「セルボ・クロアチア語」と一つで呼称されており、セルビア語とクロアチア語は東京の言葉と大阪弁くらいの方言程度の違いしかなく、この両民族を分けるのは宗教（セルビアは正教、クロアチアはカソリック）と文字（セルビアはキリル文字、クロアチアはラテン文字）だけであった。当然ながら、両者の婚姻も多くミックスの子どもたちも「ユーゴスラビア人」として当然のように生活していた。

クロアチア独立のためには「我々はユーゴ人ではなくクロアチア人である」という差異を徹底的に強調する必要があった。トゥジマンは、まず神話を創作することによってクロアチア人の民族的優位性を主張し出した。これについては大羽氏が証言する。

「彼は民族主義の熱を煽るために何の科学的根拠も無い血統から歪曲していった。クロアチア建国のために、あろうことか『我がクロアチア民族の祖先はスラブ人ではなく、アーリア人だ』と喧伝していったのです」

アーリア人とは19世紀フランスの伯爵アルテュール・ド・ゴビノーが自著『人種不平等論』の中で、白色人種の優越性を強調するために作った概念。ナチスドイツがこれを利用して「ドイツ人こそが最も純粋なアーリア人の血を引く民族」と謳い、ゲルマン民族の権威付けに使ったのは有名な話である。そのドイツとクロアチアは歴史的に親和性が深い。第二次大戦中に存在したクロアチア独立国（ＮＤＨ）は、〝ヨーロッパの満州国〟と例えられたように、ナチスドイツの傀儡国であった。映画『アンダーグラウンド』（クストリッツァ監督）にはナチスのザグレブ入城の際にハーケンクロイツを振って歓迎するクロアチア市民の映像が出てくる。日本の思想家・北一輝が批判した天皇の「万世一系伝説」もそうであるが、ナショナリズムを高揚する際には血統主義を元にした民族神話が必ず作られる。トゥジマンは「教科書通り」にこれをやったのだ。

国家への忠誠という「踏み絵」

神話は神話として楽しめば良いのだが、それを根拠にホロコースト（ユダヤ人虐殺）を行うのは国家犯罪である。第二次大戦中のクロアチア独立国も同様の犯罪を犯した。バルカンのアウシュビッツと呼ばれたヤセノバツ絶滅収容所を作り、ここでセルビア人を大量虐殺したのである。その数は、50万から60万人と言われている。

　かようにドイツとのつながりは深く、旧ユーゴで20年以上外交官を務め、独自の情報を掴んでいた大羽氏はこんな内幕を明かしてくれた。

「1980年代までトゥジマン本人はユーゴからの独立なんて考えてもいなかったのです。ところが、ドイツから『独立宣言したら承認してやる』という信号が水面下より来てその気になったのです。それからの手腕はある意味で見事だった」

　神話の次は政策であった。非クロアチア人は企業や自治体から解雇されることになった。つまり、雇用をして欲しければカソリックに改宗しろという同化政策で、これは一種の踏み絵となった。やがてはセルビア語と違う単語、文法を独自に作る「クロアチア語浄化運動」を考案して普及させていった。ユーゴ時代の映画をテレビで放映する際には、言葉が分かるはずなのにわざとクロアチア語の字幕を入れさせた。たとえば「飛行場（アエロドーム）」を「空の港（ズラチナルーカ）」といったぐあいに。米国カリフォリニア大学ロサンゼルス校のロジャース・ブルーベイカー教授はこの頃のクロアチアの情勢を当時の論文の中で「ナショナライジング＝民族化」と呼んでいる。トゥジマンはクロアチアをまさに民族化することで国家に忠誠を誓う者の内と外を作っていったのである。

ドイツへの配慮も忘れない。クロアチア国営テレビにおいて第二次大戦中のドイツを侵略者として描く映像の放送を禁じた。１９９１年10月にはクロアチア軍がヤセノバツの絶滅収容所博物館を襲って虐殺の証拠文書や物件を焼き払った。ここで行なったのは過去の歴史の修正である。

トゥジマンは「ヤセノバツは労働キャンプであった」と主張し、残虐行為があったこと自体を否定して死亡者の数も2万人（これでも凄い数字だが）と矮小化した。

「虐殺」まで5年の短コース

欧州連合（EU）の旧ユーゴスラビア和平委員会調停委員会は「クロアチアが新憲法に少数派民族の保護を織り込むまでは欧州の政府はクロアチア政府を承認するべきではない」と提案していた。これまでのクロアチアの排外的な政策を見れば他民族に対する迫害や追い出しがいかにして行なわれるか、容易に想像ができたからである。

しかし、クロアチアが独立宣言をすると、フランス、イギリスなどが時期尚早と反対する中、ドイツのゲンシャー外相は約束通りに真っ先に単独承認したのである。１９９１年12月23日のことであった。これこそがユーゴ紛争が泥沼化した大きな原因である。年が明けると引きずられる形で他の欧州諸

国も承認に動いた。

懸念された大きな悲劇が起こったのは、1995年の8月だった。クロアチア軍が領内にあったクライナ・セルビア人共和国に侵攻する民族浄化の「嵐作戦」を決行したのである。これにより1万人以上の市民が殺され、約20万人が難民として追い出された（同作戦を指揮したゴトナビ将軍は戦争犯罪で起訴されるも逃亡。スペインのカナリア諸島で逮捕され24年の禁固刑を受ける。しかし、二審で本人も驚く逆転無罪。旧ユーゴ国際戦犯法廷の公正性が大きく揺らぐ結果となった）。

政治的ナショナリストによる神話の創作から、たった5年のことであった。トゥジマンはクロアチア国内では国父として崇められ、多くの西側報道も同じ文脈で伝えている。しかし、旧ユーゴスラビア国際戦犯法廷のアルブール検察官はトゥジマンの死後、この事件の真相が明るみに出た際、「トゥジマンも生きていたら、（セルビアのミロシェビッチ大統領同様に）戦争犯罪で訴追されていただろう」と語っている。

民族自決という原則において、ひとつのエスニックグループが連邦から独立を目指すというのは、自然な流れとも言える。しかし、それを急ぐあまりにそこに「民族化」という劇薬が注入されるとレイシズムにつながり、大きな人道破綻が起こる一例と言えるだろう。

第2部

象徴にされた「尖閣」

地元の「札付き市議」が語る「地方と中央」の隔絶

木村元彦

毎年、内閣府が行う「外交に関する世論調査」において、「日中関係を良好だと思わない」が過去最高の88・6％に達したのは、尖閣諸島付近の海域で中国漁船が日本の海上保安庁（海保）の巡視船に「体当たり」したと報道され、海保職員がその映像をネット上に「流出」させた2010年だった。国民に「弱腰だから、領土を奪われる」という危機感を植え付ける画期となったが、当事者としての石垣市民は、この問題を「地方と中央」の隔絶と受け取めているという。旧ユーゴの「民族紛争」を取材してきたジャーナリストが、何度も尖閣上陸にトライする「札付き市議」の思いを聞いた。

書類送検13回、罰金刑1回の市議

石垣市議会議員の仲間均は2010年9月に起きた尖閣諸島沖での中国漁船衝突事件の以前から、漁船による尖閣諸島上陸を何度も決行している。海上のシケで断念したこともあるが、近年では2012年1月にも上陸に成功している。日本政府がいまだに上陸を認めない島へのアプローチの数は16回、それによる書類送検の数13回、罰金刑1回。日本固有の領土である尖閣諸島に日本人が上陸を禁じられているのは何故なのか。政府の見解は「尖閣諸島は埼玉県在住の民間人が持つ私有地であり、それを国が年間約2100万円支払って借り上げている。地権者は国以外の者の上陸を認めていない」というものである。

では、上陸は無理でも漁船で近寄ることができるかというとこれも「船舶安全法」という法律が足かせになる。すなわち、「海岸から20海里（約37キロ）以上を漁船で航行する場合、船舶に乗船できるのは漁業者のみ」というもので、石垣から約170キロ離れた尖閣はこれに該当する。市議の仲間は漁船では航行すら許されない。最初から接近禁止ありきのような法解釈に依る規制に業を煮やした石垣市議会は2010年10月、固定資産税の調査を目的に尖閣諸島への上陸を求める決議を全会一致で採択し、国に要請した。しかし、翌2011年1月7日、政府は「これまでも上陸をした上での固定資産調査をせずに課税している」などの理由を掲げて上陸を認めない回答を出した。

仲間は言う。

「尖閣諸島についてこれまでの議員は口にはしても誰も動こうとしなかった。私が平成6（1994）年に市議に初当選した際の公約は『実際に尖閣諸島に上陸して調査してその問題を国に申し上げる』というものです。だから私にはどれだけ妨害されても公約を果たす責務が有権者に対してあるんです。これまで国に対して『石垣市の行政区域である尖閣諸島への固定資産税の調査』『漁民のための避難港や無線基地の建設』『生態系の保護』を何度も要請をしてきました。しかし、動かない。動かないなら、手をこまねいているのではなく、自ら上陸して問題提起すれば動くだろうというのが、私の考えなのです」

「これが法治国家のすることとか」

仲間は剛柔流の空手家であり、かつては本土・川崎市は溝の口で多くの門弟を指導していたこともある。手を見るとまるでタコ焼きのような巨大な拳ダコが甲を覆っている。尖閣上陸行動の謂わば「札付き」である仲間は常に海上保安庁にマークされている。港に現れただけで、通報に走る者もいる。あるときは乗り込もうとした船がロープでグルグル巻きにされたこともあった。このときも海保の職員とはこんな会話があった。

「（尖閣諸島に）上陸するのか？」「いえ、しません。釣りに行くだけです。ただ、疲れ

尖閣諸島周辺図

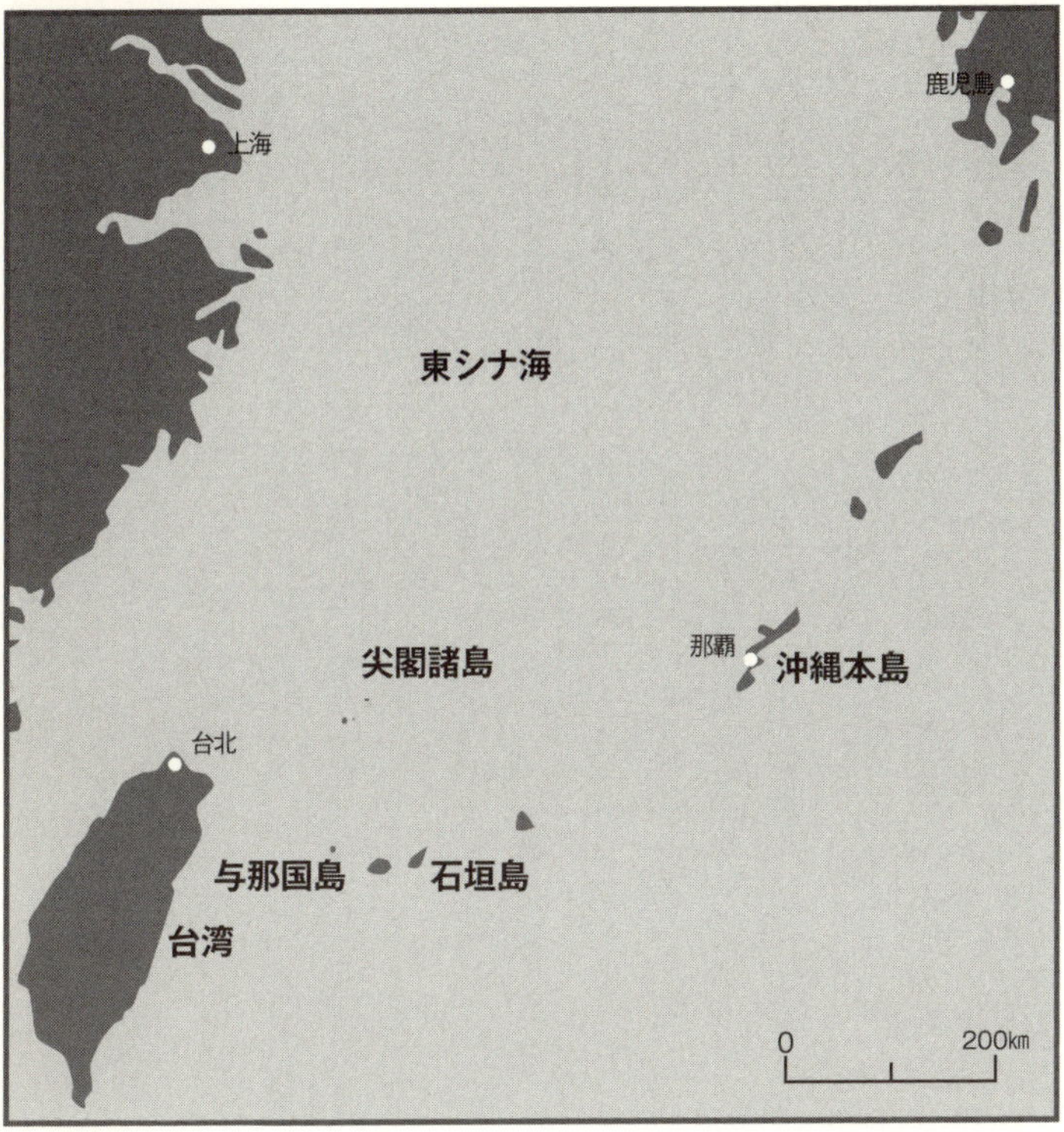

たら休むかもしれません」実質上の上陸宣言であった。2012年の1月、深夜22時57分、仲間の船が動き出すとすぐさま海保が追尾してきた。夜半中、舵を取り、石垣島八島の港から約170キロ離れた尖閣に到着したのは翌朝9時間30分だった。かつて尖閣沖で海保の巡視船に縛られて移動させられた教訓を生かし、沖合い30メートルの所で投錨した。拡声器による警告を受ける中、これで海底に根を張ると、上陸を敢行した。約2時間の滞在で野生ヤギの繁殖状況の調査とそれが及ぼす生態系への影響を調べた。

「昭和53（1978）年に（任侠右翼の）日本青年社が与那国島から持ち込んだヤギがかなり繁殖していて、草や木の皮を食べ尽くしていました。また避難港を南小島と北小島の間に建設すれば、伊良部島や八重山漁協の漁師たちが、シケでも安心できる。これらを国に進言するつもりです。再び書類送検されるかもしれませんが、私はこのアクションは辞めません。それは尖閣の現場を知っているからです。今までどれだけ中国や台湾の不審船が石垣の漁民を怖がらせて来たか。日本の警察は我々が上陸をすれば罰金を取って送検する。それでいて不法に上陸した中国人は逮捕もせずに入管法で追い返すだけです。あげくに海保の船に体当たりをしてきた中国船の船長は無罪放免をする。これが法治国家のすることですかと私は思うわけです」

現場で「共有」される思い

仲間を何度も尖閣に運んだ漁船の船長、K氏にも話を聞いた。

「尖閣の漁場は石垣からも遠いですが、魚は豊富なんですよ。そこを狙って4〜5年前は200隻くらいの中国漁船が来ていました。不気味でしたよ。他の市議は『(この問題は)国がやるでしょう』くらいの感じですが、仲間先生は自分で動く。私はそれに感心して応援しとるわけです」

漁師以外の人間を尖閣に連れて行ったとなると、先述した「船舶安全法」で船を操る者も締め付けを食らう。海保にほぼ一週間、毎日出頭させられて朝8時から夕方5時まで事情聴取を取られるのだ。

「その間、当然ながら漁には出られませんから、仕事が無くなるわけです。そしたら漁師は二度と誰も尖閣へ連れて行こうとは思わなくなる。お上はそれを狙っとるんです。それでも私は行きますよ。取り調べの役人に言ってやったですよ。『朝から晩まで毎日取り調べするなら日当を出してくれんか』と(笑)」

海保は漁船に付いているGPS(全地球測位システム)をチェックする。その航跡を調べられて尖閣へ行ったことが判明するとまずいのでその都度データを消しているという。

仲間について島内での評価を無作為に拾うと、「やり過ぎですよ」「あの人はかなり浮いていますね」「市議会の暴れん坊だよ」という声が上がる。

同時に、K氏のように熱烈なシンパも少なくない。「彼は議場でもよくケンカをするが後腐れない。母子家庭に優しい情の人でもある」とは地元八重山毎日新聞の記者の弁である。

仲間はこうも言う。

「海保とはいつもやり合いますよ。でもね。彼らも仕事だからです。大変だと思いますよ。新年早々から、波の高い冬の海で不眠不休で我々の船を追って行かなくてはならない。必死になって日本の海を守ろうとしている。そこが霞ヶ関の役人と違うんです。現場では結構分かり合えるんです」

海保の人間に「やはり（あなたが）動かなくてはだめだ」とエールをもらったこともあるという。ふと思った。ｓｅｎｇｏｋｕ３８という名前で中国漁船衝突映像をユーチューブに投稿した元海上保安官、一色正春とは面識はあるのだろうか。

「ああ、それは無いですね。もしかしたら、過去、私を止めに来た海保の船に乗っていて戦った関係だったかもしれませんが」と笑った。かつて取り締まる側だった一色と取り締まられる立場の仲間であるが、これなどは霞ヶ関には分からない尖閣の現場で共有される思いの最たる例と言えまいか。

「国は年間２１００万円で地権者から借りているのに、石垣市に入る固定資産税は年間たった80万円。この評価額もおかしいでしょう？　私のことをあれは右翼だとたった一言で批判する人もいますが、別に社民党だろうが、共産党だろうが、この問題としっかりと向き合ってくれるのなら、誰でも構いません。一緒に視察に行きますよ。石垣島は国民健康保険も破綻しているんです。そんな中で尖閣から石油が取れれば石油税で一気に潤う。市民の生活に右も左も無いじゃないですか」

非暴力直接行動としての尖閣上陸

離島が置き去りにされかねない道州制にも反対だという。その政策を聞くにつけ、ステロタイプな右翼か左翼かという括り方で仲間を見ることの無意味さを感じた。何より、仲間は原発と原発行政に憤怒し反対している。

「原発推進の原子力政策はアメリカと結託して進めて来た自民党政権が悪かった。地熱も含めてもっと安全なエネルギーがたくさんあるじゃないですか。沖縄なら太陽光発電、風力発電これらで十分まかなえます。文科省が子どもの年間被爆量の基準値をいきなり20ミリシーベルトに上げた。これだって何の根拠も保証もない」

異議を唱えるだけではなく、福島の子ども達を石垣に疎開させるプロジェクトも推進している。

非暴力直接行動で環境調査も行い、さらには反原発の理念と活動。別れ際、「グリーンピースと同じですね」と言うと、仲間は少し考えた後、「いいえ、私の場合は地元の行政区域の問題だからそこは違うと思いますよ」と言った。

たらい回しにされた地元の要請

石垣市市長はこの上陸アクションをどうとらえているのか。電話取材に応じてくれた中山義隆市長は「私としては国の許可を取った上で尖閣諸島へ上陸をしたいと思っています。ですから仲間市議の活動を支持というわけにはいきません。好ましくはない。だからこそ、国に対しては今後も要請を続けていきます」

——国は地権者が国の機関以外の人の上陸を望んでいない、というのが上陸を認めない理由として挙げていますね。

「ええ、そうであるならば私たちの代わりに国が上陸をして調査して欲しいというのが要望です。日本が実効支配していくために国が行くべきだと意見書にもしたためています。固定資産税調査のために石垣市長の私を上陸させて欲しいという要請文を内閣府や総務省、国土交通省、外務省、あらゆるところに出して、霞ヶ関に向かいました」

その意見書が回り回って、最終的に中山が霞ヶ関で面会できたのは何と財務省の固定資産税課長であった。

——石垣の空港には新しく台湾便と香港便も就航します。このような時期に尖閣問題でそれらの国々を刺激するなという意見もあるようですが。

「確かに観光振興に力を入れたい私たちとしては海外からたくさんのお客さんをお呼びしたい。営業にも参ります。しかし、経済活動とこの問題は別物として毅然と対応していかないといけない。それが私の考えです」

こと、ここに至って尖閣問題は外交問題ではあるが、同時に地方と中央の分権の問題ではないかと思うに至った。石垣島では仲間のような直接行動を起こす者だけではなく、穏健派の市民も手続きを踏んだ上で声を上げようとしている。石垣市議会にはもちろん保守だけではなくそれこそ社民党の議員も共産党の議員もいる。それらの議員で構成される議会が民主主義のプロセスを経て全会一致で決めた（上陸要請の）決議があまりに軽い扱いを受けていないか。私は2012年の1月に現地取材を終えた後、外務省、そして「尖閣諸島は日本の領有」という李登輝・元台湾総統の取材の準備に入っていた。

都有化発言は「スタンドプレー」

そんな折、予想もしなかった話が、米国から飛び込んできた。4月16日、東京都知事（当時）石原慎太郎がワシントン、ヘリテージ財団での講演で「日本人が日本の国土を守るため、東京都が尖閣諸島を購入することにした」と発言したのである。

マスメディアが注視し、世論が沸騰する中、しかしこれは地権者にとっても東京都議会にとっても、そして石垣島民にしても全くの寝耳に水の事件であった。そして真っ先に猛反発したのが、誰あろう仲間であった。発言直後、石垣島に電話をかけると、「国がやるべき問題になぜ筋違いの東京都が出て来るのか。そもそも外交も防衛の権限も無い都が買っても開発もできない。これは新党を立ち上げようとした石原知事のパフォーマンス以外の何物でもない」

と斬って捨てた。実際、石原は都民の是非どころか、都議会の承認すら取っていなかった。仲間が喝破したのには理由があった。かつて1997年、石原慎太郎と西村慎吾(当時新進党議員)を仲間は尖閣諸島に連れて行ったことがあった。その際、石原がチャーターしたオーシャン9号(石原の友人で『宇宙戦艦ヤマト』のプロデューサーであった西崎義展の持ち船。後に西崎は同船を使って自動小銃や弾丸を密輸していたことが発覚)が外国船籍のため、上陸できないことが分かった。漁船で案内をして来た仲間は乗り換えて上陸するように勧めたが、石原は「そんな小さな船に乗って沈んだらどうする」と拒否したという。

「それで彼は沖合にいて上陸しなかった。そもそもが尖閣問題に真剣に取り組む気持ちが無かったんです。だから購入発言も最初からスタンドプレイだと思った」

仲間は早々に市議会でこの石原発言に反対の決議案を出した。

愛国の美名のもと

東京都の購入宣言のその後がどうなったかは周知のことである。都知事の専決処分で使える公金には限度があり、議会承認も得られそうもないため、尖閣諸島寄付金口座を開設し、約14億8千万円の募金が集まった。しかしそもそも、一自治体に過ぎない東京都が尖閣を持っても領土保全の何の足しにもならない。野田政権が国有化を言い出すと後退。しかも野田首相は7月の予算委員会で4月の段階で石原知事から「都が買ったあとに国に引き渡す考えがある」と言われていたと発言。購入に関してはわざわざ都を通す必要は全く無く、募金を集める必要も無かったのである。まさしくスタンドプレーであった。その上、国有化が決まると寄付金の14億円を渡さずに基金にすると言い出した。都庁には募金者から返して欲しいという問い合わせが殺到したという。当然である。これでは募金詐欺である。

野田首相は野田首相で石原知事の自由にさせたらとんでもない事が起こるという危機感、そして歯止めのかからない支持率凋落にこの尖閣国有化での人気取りも目論んだのであろう。しかし、結果的にこの国有化は中国を刺激して最悪の結果を招いた。反日デモ、日本製品の不買運動で日系企業は甚大な被害を被ったのである。上海では日本人暴行事件が相次いで起こり、その他の都市でもイオンやセブン&アイなどの量販店では大量の商品が略奪され、パナソニック、トヨタ、日産の販売店は徹底的に破壊された。その総被害額は14億円どころではない。愛国という美名の下で国益を損ねたのは一体、誰なのか。

漁民不在でシンボルにされた尖閣

そして、石垣島の現場は今どうなっているのか。仲間ははっきり言う。「私も自民党ですけど、民主党時代よりも悪くなっていますよ。去年の11月にも船を出しましたが、領海内で中国公船に遭遇しました。私は霞ヶ関で外務省の政務官に向かっても怒鳴りましたよ。国有化後も何の進展も無いじゃないですかと」

尖閣諸島の国有化以降、中国政府は自国の領土であることを誇示する狙いで領空侵犯、領海侵犯を繰り返している。中国公船が八重山漁協所属の漁船を威嚇するように追い回すという事件も勃発している。現実として緊張は増加しているのである。

実際に起こったことを検証してみれば石原知事は、結局自身何の権限も責任も無い外交問題に介入し、外交で解決すべき問題をこじらせ、日中関係を悪化させたに過ぎなかった。購入発言には東京都民、石垣の漁民の意思も不在であった。ただ、ポピュリズムと親和性のあるナショナリズムを煽れば求心力は得られる。そのために尖閣は最適のシンボルだった。仲間は憤怒の気持ちを禁じえない。

「私が当初から言っていたとおりになりました。真剣に取り組む気持ちがあるのなら、募金を集めて途中で逃げ出しませんよ。ただ新党のために尖閣問題を利用したのです」

仲間は緊張が強いられるこれからも上陸活動を続ける。中国公船が領海に来ても絶対に逃げずに留まる覚悟だという。

第3部

メイキング・オブ・「BAD FILM」

園子温が語る「日中抗争」映画のオモテとウラ

園子温

最近、なにやらまたふつふつと「思想のほうが上だ」と主張する人が出はじめています。何か思想的なことを言った気になって、それが面白いと勘違いしている人が多い。もしかすると世代の問題かもしれないけれど、僕にしてみればそれはぜんぜん、面白いことじゃない。むしろ「成り下がった」感じがする。とにかく危うさうんぬんよりも、まず――面白くない。

（構成：倉本さおり）

始まりは18年前の「遊び」から

『ＢＡＤ ＦＩＬＭ』は、中央線沿線に住む中国人たちと、日本人自警団を名乗る右翼の若者たちが暴走して、殺し合いの大乱闘を繰り広げるさまを描いた作品です。撮影期間は94年～95年の約1年間。ちょうどその間に神戸の震災やオウムの地下鉄サリン事件があったような時代のことです。もう18年前の映像なのに、改めて観てみると今の世相と重なる部分がたくさんあって、すこし複雑な気持ちになるところもあります。けれどこの映像を撮った頃の僕には、思想上のこだわりなんてまったくなかった。ただひたすら、面白いことをやりたかっただけ。当時の僕は、しばらく映画からも離れて、「もっと広いところで面白いことをしたい」という気持ちに突き動かされていました。映画とは関係なく、別のところで、別のやり方で、何かケタ外れのことをやってみたいという欲望。その結果、自然発生的に生まれたのが「東京ガガガ」というパフォーマンス集団だったんです。

携帯電話もなく、お互いの連絡手段は家の留守電に吹き込まれたメッセージのみ。「×月×日×時、×××に集合せよ」。そんなアナログな時代にもかかわらず、最終的に２０００人もの若者が集結する巨大な集

園子温32歳

団になっていました。といっても、僕も含めて当の本人たちはこれがパフォーマンスだという認識すらなく、単純に「渋谷のスクランブル交差点を旗で覆ってみたら面白いよね」っていうレベルの感覚しか持ち合わせてなかった。拡声器でひたすら「ガガガ！」と叫び、詩が書かれた旗を振り回し、竹下通りからアルタ前まで走り抜けていく。ただそれだけの集団です。無益で無目的。そこには「面白いことやろうぜ！」以外の何物も存在しなかった。

　たとえばあるときは、大きさから質感までハチ公像そっくりの銅像を精巧につくって、本物の銅像の周りに置く。すると待ち合わせに来た人たちの何人かは本当に混乱して交番に駆け込むわけです。「おまわりさん、どれがハチ公ですか？」って。そんな様子を陰から眺めて、「してやったり」ってにやにや笑っていた。いわばその「ニセハチ公」と同じノリで、軍歌の代わりにハワイアンを流すような「ニセ右翼」をつくってみようっていうのが、『BAD FILM』のストーリーが生まれるきっかけのひとつだった。その頃のハチ公前では右翼団体のスピーチがしょっちゅう行われていましたから。これだけ見事にハチ公がつくれるんだったら、その横でスピーチする団体も自分たちでつくっちゃおう——すべてはそんな「遊び」の感覚から始まったことだったんです。

「夕刻」の東京ガガガから映画へ

これは後でまた詳しくお話することだけど、「東京ガガガ」自体は何の政治的メッセージもありません。僕らが持っていた30メートルほどの大きさの横断幕には「ここから先は左右なし上下なし 夕刻の東京ガガガ」と書かれているだけ。当時は世紀末ですから、「夕刻」って響きが気に入ってそんなフレーズを掲げていました。もちろん「夕刻」には「憂国」という意味もかけていますが、「左右なし上下なし」という言葉にも表れているとおり、右翼のつもりはさらさらなかった。逆にその頃、新右翼の鈴木邦男さんがしょっちゅう「ガガガ」に遊びに来てたんで、彼の「夕刻のコペルニクス」っていう雑誌の連載タイトルはうちに影響されたんじゃないかと思ってるくらい（笑）。

とにかく「ガガガ」には右も左も関係ない。画家やミュージシャンがいれば、サラリーマンやＯＬもいる。はては女子高生から左翼のセクト、新興宗教の信者まで。集まる男女のジャンルは見事にバラバラ。国籍だってバラバラで、中国人、韓国人もたくさんいれば黒人もいた。そんなごった煮の若者たちが、高円寺に１００年前からあった廃墟寸前の元旅館の20部屋をそれぞれ月々１万円で借りて、思い思いの共同生活を営

「歩行者地獄をつくりたかった」

んでいたんです。もう、毎晩が乱痴気騒ぎのウッドストック状態。良くいえばおおらか、悪くいえばめちゃくちゃな集団です。でもそういうめちゃくちゃさって、右でも左でも、本当の意味で軸のはっきりした志を持っている人たちには意外と面白がられたりするんですよ。

右翼団体といえば街宣車、じゃあどうやって用意しようかってことになるのですが、これは鈴木さんを通じて一水会から借りることができました。前述のとおり、鈴木さんは当時から「ガガガ」の存在をすごく面白がって理解してくれていた。新宿ロフトプラスワンの集会でよく司会をしていた左翼活動家の木村愛二さんもそうです。他にもいろんな人たちが「ガガガ」に遊びに来ていたし、迷惑をかけられる側の渋谷警察署の人たちだってそう。僕らを捕まえて小言を言いながらも、上層部の人たちは面白がっていましたね。

とはいえ、「ガガガ」の活動を始めてすでに一年以上経ち、そろそろ僕の資金も底をつきそうな頃だった。そもそも、これだけの規模の集団があるんだから、何か大作を撮らないともったいないなということになって。このめちゃくちゃな集団と一緒に具体的な作品をつくることを考え始めたわけです。

街宣車は新右翼から借りた

イメージはロスと『AKIRA』の世界観

実際に『BAD FILM』の企画が始まったのは93年頃、撮影は94年から始まりました。作品の中で舞台となっているのは、香港返還の直前、中国人たちに乗っ取られつつある「近未来の高円寺」。当時は日本に住む外国人が目立ち始めてきた頃で。元々たくさん住んでいた中国人や韓国人だけでなく、イラン人たちが上野公園で偽造テレカを売っていたのが話題になったような時代です。例えば、高円寺のゴミ箱にもぽつぽつ、外国語で書かれた注意書きが貼られるようになっていた。そういう匂いをなんとなく嗅ぎつけた僕は、「このままいけば、高円寺あたりもロスと同じようにスラム化するんじゃないか？」って思って。つまり、黒人と白人、ヒスパニック、それにプエルトリコ人といった人種の異なる面々が、それぞれ派閥をつくっていがみ合っているような状態。そういう当時のロスのあり方を見て、将来的には東京もそんな混沌とした街になるんじゃないかって想像したんです。

90年代って、大友克洋の『AKIRA』みたいな、世紀末的な近未来をまだみんながリアルに感じてた頃だと思います。その『AKIRA』の世界をもっとリアルに考えた、「ネオ東京」ともいうべき世界が、ちょうど僕にとっての高円寺周辺であり、『BAD FILM』の世界だったわけです。でも、このアテは今となっては外れちゃった。高円寺はスラム化するどころか、むしろ家賃も上がっているくらいですからね。まあ、アブない「ネオ東京」が実現されなかったのは、石原慎太郎のおかげということにしときましょうか（笑）。

それはともかく、当時の東京にも、そうした人種上の差別をはじめフリーじゃないものがいくつか取り巻いていた。これから拡大しそうなものを含め、そういう差別が存在する部分をこの作品のテーマに入れておこうと思ったんです。人種の問題に加えて、ゲイ文化をテーマにしているのもそれが理由。これは「左右なし上下なし」の集団だからこそできたことだと思います。

抗争の構図を「日本人VS中国人」に絞ったのは意図的なことです。「ガガガ」には中国人もたくさん参加していたし、なおかつ中国語しゃべれる日本人も多かった。僕が面白いなって思ったのは、彼らが酒を飲むと、お互いに小気味よくディスり合うってこと。それこそ当たり前のように軽いノリで、「おい、チャンコロ」みたいな（笑）。そのやりとりがすごく面白かったので、大袈裟に拡大したものをやってみたらどうかなと考えたんです。

それに、なんといっても日本人にとっては、中国との戦いに一番リアリティがあると思っていた。もちろん僕自身は中国に対して何の他意もありません。ただ単純に、いつか中国とインドが盛り上がって、日本を凌駕する時代っていうのが必ず来ると思っていただけ。その時、日本人はどういうふうに中国人に接していくんだろうって。たぶん「俺のほうがすごい」って言い張るアホな争いにしかならないんだろうなって予想していた。

僕がこんな想像をした当時、それはまだ笑える範疇のネタだったんです。ハチ公前でどれだけ右翼団体が「尖閣諸島は我々のものだ!」って怒鳴っていても、90年代はみんな完全に他人事だった。けれど、お笑いじゃなくなるときがいつか必ずくると僕は思っていた。20世紀のうちは笑えても、21世紀には絶対に笑えなくなると。それがそっくりそのまま現実のことになってしまった今となっては、面白いというよりも、どちらかというと拍子抜けする気持ちのほうが大きいんですけどね。

言葉が通じること通じないこと

作品の中における両者のパワーバランスにはかなり気をつけました。台本上でもキャスティング上でも、日本人チームと中国人チーム、どち

意図的にイケメンを揃えた中国人グループ

らかが徹底的にダメにはならないようにした。さらにいえば、どちらかというと中国人のほうがかっこ悪く映らないようにはしてあります。彼らのチームには意図的に美人とイケメンを集めた。なぜなら、彼らにとって日本の高円寺はアウェーだから。作品をつくっているのも日本人だし、ちょこっと日本人を凹ませるくらいのほうが、全体的なバランスは良くなる。

実際にご覧になっていただければわかると思いますが、いずれにせよこの作品のラストはみんな国籍まぜこぜの状態で死んでいきます。そこにはどちらが勝ったも負けたもない。どちらが正しかったとかもぜんぜん関係ない。そんなことは最初からこの映画の中では意図されていません。そこにあるのは、どれだけ大層な御託を並べても、最後はピストルであり、大砲であり、爆弾にしかならないってこと。究極的には言葉のいらない世界に突入していくということなんです。

新宿アルタ前で互いのチームのボス同士がサルのまねをしながら罵り合うシーンは、その象徴として描かれています。僕の中では、相手をけなす言葉っていうのは結局「お前の母ちゃんデベソ」にいたる。どんなに難しいことを言っているようでも、よくよく深く溶かし込んでいくと最後はみんなそのレベルの言葉になるんです。

日中のボスがののしり合うシーンの撮影は無許可で行った

中央線内でのやりとりもそうですが、言葉が通じ合っているのは通訳の二人だけ。でも、そんなことはどうでもいい。火種がくすぶっていれば、誰かがワーッと叫んだだけで爆発する。簡単です。周りは「そーよそーよ」って言えばいいだけ。中身は関係ない。これって、在特会の構造と同じですよね。誰かがワーッと言ってるから、俺もワーッって言っとこうっていう幼稚な感覚。

そういう幼稚さの部分は、ニセ右翼側の街宣車のスピーチの場面でも意図的に表現してあります。このときのボスは、スキンヘッドにサングラスという強面の外見とは打って変わって、語尾にみんな「〜でちゅ」って付けているんですよ（笑）。横断幕に書かれた文字も、よく見てみると実は「犬も歩けば棒に当たる」とか「ひょうたんからコマ」とか、本当にどうでもいいことが書かれている。そんなお子ちゃま集団だから、「そーよそーよ」って盛り上がるだけでいつまで経っても深刻な状況にはならないんだけど、唯一言葉が通じ合うはずの通訳二人が暗躍することで、引き返せない事態に巻き込まれていく。

僕は最初、在特会という現象を単純に面白がっていたんですよ。「あぁ、2ちゃんの住民もついにパソコンを捨てて街に出てきたんだな」って、むしろ感慨深く思っていたくらい。今もまだ危険っていうほどのも

無意味なスローガンを掲げた街頭スピーチ

のじゃないし。

でも、『BAD FILM』の通訳の二人みたいに火をくべる人が出てきたら、あるいは三島由紀夫的な存在が現れてしまったら、そのときが本当に憂慮すべき事態だなって思う。だから僕自身は、在特会にはこのままでいてほしい。あんまり賢くもなってほしくないし、あんまり凶暴になってほしくない。だって、今さら勉強されて知識をつけられても、それは「否定するための知識」だから。「人には人の歴史あり」っていうことを学んでいくから面白いのに、最初から嫌いになることを結論づけられた勉強をしたって、それこそ豊かになれるわけがない。

思想に成り下がってはつまらない

映画の中には、マギーとカナという、中国人と日本人のレズカップルが物語の中心的な存在として出てきます。彼女たちはお互い言葉は通じないけど、ある意味で芸術的、直感的な交流をしている。それは文化的交流といってもいい。

「ガガガ」もまさしくそうだった。中国人も日本人もみんなでワイワイガヤガヤ、そこには理屈を超えた溶けあい方があった。通訳二人のように、思想をのっけちゃうと最後は皆殺しみたいになってしまうけど、な

中国人のマギー（左）と日本人のカナ（右）は言葉が通じないまま惹かれ合う

にしろ僕たちは「左右なし上下なし」の無意味・無目的・無宗教集団。まったくゼロの思想に落とし込んでいくこと、いわば「全部詩にする」ということが唯一のテーマだったんです。

撮影が大掛かりになるにつれ、「毎回ゲリラでやられちゃたまらない」ってことで、警察からデモ申請をするように頼まれたことがありました。その書類の中に「デモの目的」を書き込む欄があるんだけれど、何度も言うように僕らに思想的な目的なんてまるでない。困った挙句、「ポエムを叫ぶ」と書き込んでおいた。これには警察の人たちも参っていました。「なんで俺たちがお前らのポエムを守らなきゃいけないんだ?」ってね。でも、しかたがないから、結局その日の彼らはポエムを守った(笑)。まあやっぱりバカバカしいんで、次からはまたゲリラでやるようになりましたけど。

とにかく、思想をのっけていかないことが「東京ガガガ」の唯一の性質。そりゃあ2000人もいれば右翼の人間も左翼の人間も入ってくるけど、一緒に叫んでいる間はまったくそういう活動とは無縁だった。

そのうちテレビのニュースでも取り上げられるようになると、おのずといろんな団体から声がかかるようになりました。「せっかくこれだけの人数がいるんだから、もっと有効に活かすことを考えるべきだ」ってね。右翼からも左翼からもたくさん電話がかかって来たし、宗教化の誘いまでありました。当時「ガガガ」からは一切収益なんて出ないし、逆に僕の財布から金が出ていくだけだったので、教祖様になったら金持ちになれていたかな、なんて冗談で思ったりもしたけど（笑）。でも、そういう思想をのっけた「東京ガガガ」はたちまちオウム真理教のようになってしまう。そういうのにひとつでも預けてしまったら、宗教集団、思想集団に「成り下がって」しまう。それは僕にとっては非常につまらないことなんです。

国が戦うときは「逃げる」

在特会が出てきた頃、一時期は追いかけてドラマにすることも考えました。でも、やめた。『BAD FILM』を撮影した当時は、こういう空想を作品にすること自体が面白かったけど、今それをドキュメンタリーにしたって面白くないなって。『希望の国』を制作していたときも、本当は3・11を題材に扱うことがイヤでたまらなかった。「こんなことに首ツッコむんじゃねえ」って言っている自分が常にどこかにいましたね。だから、これから10年20年経って、ついにまた原発が爆発したときに、「園さんの言うとおりになりましたね！」なんて言われても嬉しく

フクシマが収束しない中で製作された『希望の国』

もなんともない。

ちょうど寺山修司の没後30年記念で取材を受けることになって、彼の作品を読み返してみたら、似たようなことを言っているんですよ。彼は内田栄一さんという方の脚本を読んで、「後半が政治的になりすぎている」といって批判している。要は思想が入りすぎてつまらなくなっていると言っているんですね。これってすごく60年代的というか。まさしく政治の季節であるからこそ、文化人がそこに溶け込まないように、芸術的であろうとする意識が高かった。つまりは志があった。

今は、芸術的であることが何なのか、よくわからなくなっていますよね。「ちょっと政治的な発言するほうが芸術的である」ぐらいに思っている人がたくさんいる。本当はそうじゃなくて、そこをどうやって外していくかが面白いのに。

この間、CIAがまた「日中間で戦争が起きる」なんて妙なことを言っていたけど、もし実際にそうなった場合はめんどくさいから、僕はいっそ金子光晴みたいに「非国民」として身を引くつもり。彼は戦時中、息子に赤紙が届いたときに、無理やり息子の健康状態を悪化させて召集を免れて、赤飯炊いて家族みんなでバンザイをして喜んだという逸話があります。それくらい、常に引いて物事を見られる姿勢を失わずに生きていたい。

重要なのは対象との「距離感」

ちなみに『BAD FILM』の冒頭で、メインキャラがVシネみたいな字幕で紹介されたり、抗争が起きた場所をいちいち番地レベルまで記載する演出がありますが、あれは『仁義なき戦い』へのオマージュです。僕はあの映画にすごく影響を受けています。

『仁義なき戦い』は、監督の深作欣二さんもキャストの菅原文太さんも、本当は共産党寄りの人間です。どちらかというとヤクザなんてどうでもいいと思っているからこそ、あんなに面白い画《え》が撮れる。これは優秀なやくざ映画に共通する特徴です。逆に、ヤクザに陶酔している人間が撮った映画はどれも陳腐でぜんぜん面白くない。『ゴッドファーザー』のコッポラだって、映画会社の上層部から「マフィア映画を撮れ」と言われて悩みに悩んで、母親にこんな手紙を書いているんですよ。「母さん！ 僕、イタリアの恥を撮ることになってしまいました」ってね(笑)。母親は「それで生活ができるなら撮りなさい」と返事を寄越した。背中を押されたコッポラはついに制作を開始するのだけど、せめてもの抵抗の証として、家族愛がテーマのマフィア映画に仕上げた。それがあの大傑作の誕生に

深作欣二『仁義なき戦い』へのオマージュ

つながったわけです。

面白い映画をつくるうえで最も必要なのは「巻き込まれないこと」。対象から一歩引いていることが一番大切です。逆に大島渚さんとか若松孝二さんの面白さは自分が最前線にいることだけど、僕自身は「こんなとこに立って映画つくれるもんなのか？　映画じゃなくてプロパガンダじゃねえか？」って思っちゃう。『日本の夜と霧』とか、それはそれで面白いとは思うけど、僕はそこには行きたくない。

僕の新作の『地獄でなぜ悪い』（13年9月公開予定）では、『仁義なき戦い』の有名な「チャラララ～ン」っていうテーマが使われています。ちなみにこれは日本映画史上、初めてのことらしい（笑）。この作品もヤクザとかなり距離を置いたヤクザ映画です。要するに、本当は全く別の世界観をヤクザ映画に仕立てている。だからって、けっしてヤクザそのものを否定しているわけじゃありません。むしろヤクザも人間なんだよ、ヤクザにも個々の声があって、ひとつには括れないもんがあるんだよっていうことを表現したかった。

「全米が泣いた」はナショナリズム

在特会やネトウヨの人たちは、中国人は中国人、韓国人は韓国人で一枚岩だと勝手に規定しちゃっていますよね。でも現実はぜんぜんそんなことない。『BAD FILM』の中にも、中国人同士が麻雀をしながらギスギスした空気になるシーンが出てきますが、ああいうのは実際によくあることで。中国人チームのボスは香港出身という設定だから、普段使う言葉も大陸の人間とは違う。彼ら香港人に言わせれば、「香港は香港人のもの」。「俺らは大陸のヤツらとは違うし」っていう意識がすごく強い。つまり、たいていの差別は複雑な入れ子構造になっているんですよ。ところが、距離をもって引いて眺めないと、なかなかその事実に気づけない。

これは鼎談でも話しましたが、僕は「全米が泣いた」現象みたいなものに巻き込まれたくないなあって常々思っている。新作映画が公開されるといまだにそういうキャッチコピーが出回るけど、けっして全米は泣かないしカンヌは騒然としない（笑）。ただカンヌ審査委員長の決定に従っただけ。

本来、個人というのは実にさまざまで、たとえば麻雀のメンツが集まれば、そこには4人分の考え方が存在するはず。いわば「カンヌ騒然」も「全米が泣いた」もナショナリズムなんですよ。ナショナリズムっていうのは、基本的にはメッキだと僕は思っている。メッキはいつか剥が

中国人グループの麻雀シーン

れます。「全米が泣いた」っていうコピーの効果があるうちに客を寄せようとするのと同じ。今のナショナリズムを代表する標語がどんなものか知らないけど、そのメッキにはだまされたくない。

中国人も韓国人も笑ってほしい

実は、『BAD FILM』が香港国際映画祭で上映されていたらしいんです。チケットはソールドアウト、どうやら話題になったらしいということだけは聞いたけれど、詳細はまったく知らされてない。会場の雰囲気がどんな感じだったか、できれば自分の目で見てみたかったなと思っているんですけどね。香港だけじゃなく、特に中国で観てもらえたらすごく刺激的で面白いと思う。公開上映の際にはぜひ舞台挨拶に行きたい。

ちなみに今の中国のナイトクラブに集まる若者なんか、80年代にブイブイ言わせてた日本人とまったく同じ。あいつらが尖閣のことなんて考えているわけがない（笑）。そもそも日本の報道と現地の反応にはものすごく温度差がありますよね。竹島の問題が騒がれたとき、日本のテレビで「韓国の日本食レストランでは閑古鳥が鳴いて……」なんて報道されていたけど、実際韓国に行ってみると、まったくそんなことはない。

むしろ未だに大人気だし。僕が釜山に行ったときは、ちょうど日本映画の『るろうに剣心』が公開されていて劇場は超満員でした。

要するに、文化的な交流レベルではぜんぜん憎しみがないんです。余計な思想が入り込もうとするから面倒なことになってしまうだけ。

文化の素晴らしさは「良いものは良い」と認め合えるところです。だから日本人も中国人も韓国人も、どうかこの『ＢＡＤ ＦＩＬＭ』で大笑いしてほしい。これはいわば、思想上の争いを手玉に取って遊んでしまう映画。この中で繰り広げられるバカげた戦いの顛末を見れば、的外れな報道に焚きつけられた妙な空気もすこしは醒めるんじゃないかなと思います。

例えば中国でも、首都の北京に限らず上海あたりでも、そりゃアホな連中は怒るかもしれないけど、もうちょっと賢い若者たちは面白がってくれると思う。だいたい、70年代に深作映画を観てヤクザになる人はいなかったはずでしょ？ それに『プライベート・ライアン』を観て「よし、兵役に行こう」なんていう人もいない（笑）。普通の戦争映画ならメインのキャラはみんな最後まで生き残るけど、あの映画は10分後、それどころか3秒後には死んで退場しているような世界。主役になれる幻想を抱かせない。これは立派な反戦映画ですよ。けれど作品の中ではひとことも「反戦」なんて言ってない。そういうのが本当に面白い映画だと思います。

まあもちろん、どの世界にだって賢い人もいればアホなやつらもいるわけで。アホもいるからこそエキスとして面白いともいえます。お利口さんばっかりだったら、ただ笑って終わっちゃってケンカ相手、遊び相手がいなくなっちゃう。逆に、映画を観ながら真に受けて怒るやつがいて、さらにそれを見て笑い飛ばすという楽しみもある。これはむしろ調味料として実にいい塩梅。ただ、そのスパイスの分量が問題なんだけど（笑）。それこそ本当の戦時中みたいになっちゃって、笑い飛ばせる側の分量が少ないとやっぱり困っちゃう。「笑ったら非国民」みたいな状況になってしまうと激辛が過ぎてしまう。

真っ赤になって怒る人もいれば、面白がって拍手する人もいる。そういう多様性があってこそ、この映画が刺激的な作品たりえると思っています。

衣食足りて始まる「運動」

『BAD FILM』に関わっていたキャストやスタッフたち、つまり「東京ガガガ」のメンバーには、右翼も左翼も、日本人も中国人も黒人もい

日中以外にも多様なキャストが登場した

たけれど、普段からお互いの存在を否定したりはしていなかった。当の本人たちは、それこそラッパーみたいに、酒を飲みながら面白おかしくディスりあってるだけ。だからカメラが回っている間はさんざんいがみ合っていても、その日の撮影が終わればすぐ乾杯して、「明日の撮影ではお前ら黒人といがみ合うからな」みたいなフランクな雰囲気でしかなかった。だって、当たり前ですよね。元々、中国人の友達が多いぶん題材にしやすいっていう理由で、中国人との抗争をテーマにした映像を撮っているだけなんだから。撮っているうちにお互いに憎くなるなんてことがあるはずもない。

「ガガガ」の面々はみんな仲が良かったし、恋人のいるメンバーも多かった。彼らは不満をぶつけるために活動していたわけじゃなく、単に面白がってやっていただけ。つまり憂さ晴らし集団ではなかった。でも、ネトウヨや在特会の人たちは、何かモヤモヤしたものをぶつけるターゲットとして、韓国人や中国人に目を向けている。

フジテレビに「韓流ドラマをやめろ」とデモをかけたグループも、主催者の男の子に彼女ができたとたん下火になったっていう話を聞いたけど、この心理をそのまんま表していると思う。要はその程度の問題。きっと「ガガガ」のような場があれば、今の在特会みたいなことにはなってなかったんじゃないかなと思うんです。それこそ韓国や中国の可愛い女の子を連れてきて、隣で「かんぱーい♪」なんて言われて一緒に愉しくお酒でも飲んだ日には、「あ、いいい、いただきます」みたいな、ふにゃっとした気持ちになっちゃう（笑）。そこで彼女でもできちゃった日には、あるいは気の合う友達ができた日には、たいていの鬱屈は萎えちゃうはず。ところが、そういう機会がないから妄想が働いてしまう。

僕は昔、お金がなくて食うのに困っていた時期に、三里塚で成田空港に反対する左翼団体のアジトに居候になったことがあります。そこにいる人たちは、やっぱりみんな生活やら人生やらに何かしらの不満を抱えていた。とにかく男も女も幸せではなさそうだった。

きっと僕だって、閉じられた空間で毎日毎日一方通行の報道ばかり見聞きしていたら、世の中ってものに対してわけもなく腹が立ってくると思う。でも、本当にやりたいことっていうのは、そういうイライラやモヤモヤをぶつけるためのものじゃない。僕が『希望の国』という、原発がテーマの映画を撮ったきっかけは、イライラやモヤモヤとは全く関係がなかった。生活には何の不満もなく、全てが充実した状態で、「これがどうしても撮りたい」という気持ちがそこにあったから始まったんです。

去年、反原発を掲げて10万人が国会議事堂を囲みましたよね。けれど僕は、そこがスタートじゃないってずっと思っていた。あのデモを仕切っているメンバーのひとりが、僕の実家の近くに住んでいた幼馴染なんです。そこで彼によく言っていたのが、「ここに来ることが全てじゃない」ということ。ここからどんどん数が減って、10人、20人になるときが必ずやって来る。そのときが本当の始まりだよって。それぞれ衣食住足りてパートナーもいて、そこからなおかつ、ひとりひとりが「やっぱり原発はいらない」と思えたときが本当の運動の始まりなんだって。ある意味、それまでは妄想でしかないんです。

在特会にはTENGAを配れ

『BAD FILM』の中でも、満たされている人間は戦いに対して次第に乗り気じゃなくなっていきます。ところが幹部の取り巻きのひとり、周囲にあまり相手にされていなかったせいで欲求不満気味だった若者が拳銃を手に入れたことから、それまでの均衡が崩れ始める。そういう仕組みが世の中には存在すると思うんです。

新大久保あたりでデモをやっている在特会の人たちを見ていると、例えば服装ひとつとってもぜんぜん気を配っていないのがわかる。大の大人が、ミッキーのでかでかとプリントされたトレーナーを着ていても何にも感じていない。それは、言ってくれる人がいないから。「それ、ヘンだよ」って笑いながら指摘してくれる人が周りにいないからなんですよ。だから世界が内側で凝り固まる。服とか食とか、なんでもいいんだけれど、とにかく他に何の軸もないから、「死ね」「出ていけ」といったわかりやすく強烈な標語に引き寄せられて取り込まれてしまう。

ネットの住民たちが、会田誠展の「天才でごめんなさい」というタイトルすら真に受けて騒ぎ立てたときは、なんかもう脱力しちゃったというか。おいおい、そこも信じちゃうの？みたいな（笑）。あんなの挑発的にジョークで書いているのに。それこそ前述の「全米が泣いた」現象に取り込まれるのと同じ。全米は泣かないしカンヌは騒然としないっていうことがわからないほど、彼らの心は凝り固まってしまっている。

今回の作品の中で演説部分はカットしてしまったのですが、街宣車のシーンを撮影する際に（大日本）愛国党の街宣車と鉢合わせしたことがあったんです。そこで普通の感覚ならそそくさと退散するところですよね。でも僕らはその状況を楽しんでしまった。なんとわざわざ愛国党の隣に自分たちの街宣車を横付けして、「これからは俺たち『神風』チームに任しときな！」ってな具合に挑発的なスピーチをかましたわけです。そうなると愛国党も当然負けてられない。ラッパーさながらのディスり

ホンモノ右翼の街宣車ともニアミス

合戦の始まりです。

ところがそのうちに、向こうも打ち解けてきたのか僕たちの悪ふざけに当てられたのか、彼らのスピーチがいつもとはまったく違うカジュアルな雰囲気になってきて……。おしまいには「俺だって土曜日にこんなとこに立ってないで渋谷の映画館でデートしてえんだよーーーっ！」って叫びだした(笑)。そんな感動的な演説は初めて聞きましたよ！ ああ、やっぱりこの人たちも彼女とデートしたいんだ、スクランブル交差点を見下ろしながらそう思ってたんだなってしみじみしちゃった。

もう、なんだったら在特会でも大量にＴＥＮＧＡを配ればいいんですよ。デモに行く前に、まずＴＥＮＧＡで三発も抜いたらだいぶ腑抜けるはず（笑）。

どんな形だっていいんです。友達とバカ騒ぎするのでもいいし、恋人といちゃつくのも結構だし、それこそオナニーだって上等です。とにかく満たされて、存分に腑抜けたうえで、それでも自分が今やろうとしていることをやりたいと思えるか。思想に憑りつかれた人たちには、ぜひ一度立ち止まって考えてみてほしいですね。

じゃないと、人生がもったいない。自分の人生が本当に面白くなるのはそこからなんだから。

男性の成人玩具ＴＥＮＧＡは、園作品にたびたび登場する

「BAD FILM」を収録した
DVD ボックス
「園子温監督初期作品集」
（発売：ハピネット）

第4部

日中韓の「ネトウヨ」は同じ夢を見るか？

安田浩一

日本の「在特会」を取材してきたジャーナリストが、中国と韓国の「反日」の現場へ飛んだ。在特会が「あっちは、もっとひどい」と主張する中国版あるいは韓国版の「ネトウヨ」の素顔を知るためだ。果たして、そこで出会ったのは、在特会同様にネットを駆使し、街頭で「日本は出てけ」と叫ぶ姿であり、そして在特会と同じように「しんどうそうな人々」でもあった。グローバリズムの波に洗われる東アジアの地べタで何が起きているのか――。

鬱憤晴らしの排外デモ

日の丸と旭日旗の波が揺れる。目の前をデモ隊が通り過ぎる。「朝鮮人をぶっ殺せ！」「朝鮮人売春婦を叩き出せ！」「ゴキブリ！　蛆虫！」聞くに堪えない罵声が、怒声が、隊列から発せられる。朝鮮人の蔑称である「チョンコ」を繰り返し絶叫しながらこぶしを突き上げる者もいた。

参加者が掲げたプラカードには「朝鮮征伐」「エイズ感染した韓国人売春婦」「朝鮮人首吊レ毒飲メ飛ビ降リロ」「良い韓国人も悪い韓国人もどちらも殺せ」「日本人から土地と財産を奪った末裔死ね」「朝鮮人ハ皆殺シ」といった文字が躍る。

韓国料理店や韓流スターのグッズショップが軒を連ねる東京・新大久保（新宿区）。もはや恒例となった〝嫌韓デモ〟の光景だ。

参加者の多くはネット掲示板や保守系ブログなどの告知を見て集まった、世間では「ネット右翼」と呼ばれる者たちである。下は10代から上は60代と思しき高齢層まで、コワモテ風もいれば、おたく風の若者もいる。女性の数も少なくない。

韓国・北朝鮮、あるいは在日コリアンへの悪口雑言が飛び交うこの手のデモは、2013年に入ってから、ほぼ毎週のように新大久保でおこなわれている。

「お前はチョンだろう！」「悔しいか、チョンコ」などと沿道の人々をからかう彼らの姿からは、右翼や保守といった文脈は浮かんでこない。どう見たところでただの鬱憤晴らし、カタルシスの類だ。

私は、もう何度となく、こうした光景を目にしてきた。そして幾度も質問を重ねてきた。

何がそんなに憎いのか、何のためにデモをするのか——。

「差別されているのは我々だ」

「奪われたものを取り返したいと思っているだけですよ。それのどこが間違っているんですか。このままでは日本が外国人に乗っ取られてしまう」

そう私に激しく詰め寄ったのは、「在日特権を許さない市民の会」(在特会)のメンバーである30代の青年だった。

在特会は在日コリアンをはじめとする外国人の権利を「特権」だと批判する保守系市民団体。ネット上で〝同志〟を募り、会員数は1万人を超える。高校生から70代の年配者までのメンバーを抱え、主婦やOLなど女性の数も少なくない。

新大久保などで行われる「嫌韓デモ」を事実上率いているのが、この在特会である。

その排外主義的な主張を否定する私に対し、彼は一気にまくし立てた。

「日本人は年間3万人が貧困を理由に自殺している。そうした状況で、外国人ばかりが優遇されてもよいのか。だいたい〝在日〟が自殺したなんて話は聞いたことがない。この国では日本人だけが苦しんでいるんですよ」

憤りの根底にあるのは、あくまでも〝被害者〟としての自分が日本に生きているという認識である。そんなバカな——と誤りを批判するだけならば容易《たやす》い。だがメディアも教育機関も、そして政府ですら「外国人や、それに同調する勢力に牛耳られた」と信じて疑わない彼らに届くような言葉を見つけるのは難しい。

彼は続けた。

「奪われているのは（外国人の福祉に費やされる）日本人の血税だけじゃない。竹島はどうなっていますか？　尖閣諸島はいま、どのような状況にありますか？　国土までもが奪われつつあるんですよ！」

在特会広報局長の米田隆司に至っては、私の取材に対して次のように答えている。

「我々の運動は一種の階級闘争なんですよ。左翼だろうと労働組合だろうと、あんなに恵まれた人たちはいませんよ。そんな恵まれた人々によって在日などの外国人が庇護されている。この日本社会において差別されているのは我々のほうです」

これこそがネット右翼と呼ばれる人々に共通する「被害者感情」ではなかろうか。

いま自分が立っている場所は、あるべき日本ではないと考えれば、世の中のあらゆる理不尽を「敵」の責任として転嫁できる。雇用不安も経済的苦境も福祉の後退も、すべては「敵」の陰謀なのだ。「在日が日本を支配している」といった荒唐無稽な主張さえ、「奪われた者」たちにはもっともらしく耳に響く。在日など外国籍住民を略奪者に例えるシンプルで支離滅裂な極論は、彼らの被害者意識に一定程度の説得力を与える。世の中の不条理を詰め込んだブラックボックスを紐解く鍵として、「在日」や「韓国、北朝鮮、中国」が位置づけられるのだ。

「しんどうそうな人々」の素顔

それらに対して「ゴキブリ」「死ね」と叫ぶのは、彼らの理屈を拝借すれば強者へのレジスタンス（抵抗）でもあるという。

むろん、私はまったく共感できない。「他者」への想像力を欠いた物言いは、どんな理由をつけようとも醜悪なだけだ。抗弁できない属性への中傷、攻撃はレイシズム以外のなにものでもあるまい。

一方、「排斥」と「愛国」を熱く語る彼らは、今の世の中ではけっして珍しくない「しんどそうな人々」でもあった。国や民族にアイデンティファイする以外に、自己を主張できぬ人々である。

ひとりひとりと向き合って話せば、そのことはよくわかる。醜悪な言葉を操るレイシストたちの素顔は、あまりに凡庸だった。

将来、仕事を外国人に奪われてしまうと怯える者。中国に占領された日本を想像し、その恐怖から逃れることができない者。

抱えきれないほどの不安と不満と憤りをどのようにコントロールすればよいのか、彼ら自身も苦しんでいるようにも見えた。

そんな彼らを納得させるだけの言葉を、私はまだ持っていない。眉を顰め、歯ぎしりし、ため息交じりに「でも、差別は見苦しいよ」と、疲れ果てた説教おやじのようにつぶやくしかできない。

「愛国」に寄り添う以外、自分の存在を確認することができない者もいるのだ。

その空しい情熱を思うたびに、私の中で、もうひとつの光景がたち上がる。

パソコンが唯一の財産

中国・河南省の南東部に位置する信陽《シンヤン》という町を訪ねたのは2012年末のことだ。北京から列車で8時間。茶葉の生産以外に特色のない田舎町である。

駅の改札口で私を出迎えてくれたのは、盛興元《ションシンユエン》(44歳)なる人物だった。盛にとって、私は初めて出会った日本人である。それは、彼が日夜攻撃の矛先を向けている「敵」との対面をも意味していた。

盛を私に紹介してくれたのは、北京在住の中国人記者だった。その記者によると、盛は「ネット上のちょっとした有名人」だという。

日本の「尖閣諸島国有化」に刺激され、ネットで「釣魚島(尖閣諸島)を中国に取り戻せ」との主張を繰り返している。そのうえ「皆で釣魚島に上陸しよう」と呼びかけ、結果、〝同志〟ばかりか、実際に船を提供してくれる人まで現れたことで、その動向は多くのネットユーザーから注目されるに至った。しかし、同志とともにいざ尖閣に向けて出港というとき、公安によって拘束され、泣く泣く「上陸」を諦めたのだという。以来、盛は「未遂の愛国者」として同情半分、嘲笑半分といった〝評価〟をネットで受けている。

盛の自宅は町のはずれ、小さな集落の中にあった。平屋建て長屋の一室。広さは全体で8畳ほど。土間と寝室は薄い布で仕切られ、天井は雨漏り除けのビニールシートで覆われていた。キッチンはない。決して楽ではない生活がじわじわと伝わってくるような家だった。

粗末な木製の机の上に黒いノートパソコンが置かれていた。彼にとって唯一の財産である。

「毎日、5~6時間はパソコンに向かう」と盛は話した。中国ではもっとも人気のあるSNS「微博《ウェイボー》」(マイクロブログ)を戦場に、主に日本の尖閣国有化を批判する短文を書き続けている。

「愛国者として、いましなければならないことをしているだけです。特別なことではない。私がすべきは中国の領土を守り、そして国の危機を皆に知らせることなんです。インターネットがあって本当によかったと思っています。私は国中の人と繋がることができるのですからね」

ネットこそ「復讐への道筋」

2005年まで盛は地域の「計画生育委員会」で働いていた。これは中国の一人っ子政策を推進・管理する行政機関である。盛が担当していたのは、2人目以上の子ど

唯一の財産といってよいノートパソコンに
向かう盛さん

もを産んだ家庭に対し、罰金を徴収する業務だった。

2人目を産んだ家庭を見つけては足を運び、罰金を要求する。しかし貧しい農民家庭では即座に現金を手渡してくれるところなど少ない。その場合、担当する徴収員が自腹でそれを委員会に納め、あとは借金取り立てのごとく、未払い家庭に通い詰めるのだという。難儀な仕事である。

そうした苦労を重ねながら罰金を集めて回る毎日だったが、あるとき、盛らが徴収した罰金を上司がネコババしていることに気が付いた。正義感の強い盛は即座に上部機関に内部告発したが、なんと、その訴えが握りつぶされてしまったばかりか、逆に横領の罪を被せられてしまうのだった。

「それだけじゃありません。内部告発によって社会の秩序を乱した罪、名誉棄損までもが罪状に加えられ、逮捕された挙句、刑務所に5年近くもブチ込まれてしまったんです」

刑務所のなかで、盛は中国にはびこる拝金主義を恨んだ。以前の中国であれば、こんなことはなかったのに。偉大な毛沢東精神はどこに消えてしまったのか――。

絶望の日々を過ごす盛に希望の光を与えたのは、刑務所のなかで読んだ雑誌記事だった。中国におけるネット時代の到来を特集した記事には、「誰もが情報を発信できる。自らが〝メディア〟を運営することができる」と書かれていた。それまでまったくパソコンに興味のなかった盛は、ここで初めて復讐への道筋を発見するのだ。

09年。出所した盛は、有り金をかき集め、レノボ社製のノートパソコンを3千元（約5万円）で購入した。寝る間も惜しんでネットの仕組みを覚え、彼は早速、微博に投稿する。

〈私は無実だ。上司の不正を内部告発したために罪を着せられた〉

反響は盛の予測をはるかに超えた。

〈あなたは勇気がある〉〈不正をこのまま許してはならない〉〈裁判所も糾弾せよ〉

盛に味方する投稿が相次いだ。行政の側もネットの勢いを恐れたのだろう。盛に無罪を言い渡すまでには至らなかったが、彼がそれまで立て替えたままになっていた「罰金」を返金することで、事実上の「解決」とした。

新たに「発見」した敵＝日本

むろん、盛はいまでも完全無罪を勝ち取るまで戦いは止めないと意気込むのだが、それでもネットの力に心酔した。完全な「ネット信者」となったのだ。

「以来、私が思いついたこと、訴えたいことがあれば、すぐにネットへ書き込むようになりました」

そして、盛にさらなる飛躍を促したのが「尖閣騒動」である。

ネットにとりつかれた愛国者は、新たな敵を発見し、その憤怒を微博に叩きつけたのである。そこから先は、前述の通り。尖閣行きの船を前にして、彼の熱情は公安に抑え込まれてしまった。

それでも彼はまだ、信じている。世間を動かすネットの力を。

「愛国者はカネの亡者になってはいけません。定職に就かず、ネットで愛国を訴えているばかりの私を妻も子どもも全く支持してくれませんが、それでも私は戦わないとならないのです。たとえ家族に理解されなくとも、私は私の使命を果たすだけです」

盛の妻の苦労が容易に想像できた。妻は毎日、近所の商店で夜遅くまで働いているのだという。その一方で、ダンナは家でネット漬けである。

いったい、盛を衝き動かすものは何なのか。

私の問いに、彼は胸を張って答えた。

「使命感と愛国心です」

毛沢東を尊敬しているという。中国がどれだけ変化しようとも、共産主義がただのお題目となってしまったとしても、盛にとって毛沢東こそが偉大な国父だ。

盛は続ける。

「偉大な中国を取り戻さなければなりません」

彼もまた「奪われた者」の一人だった。共産主義に何の興味を持つことなく、カネに踊らされている者ばかりの中国は、本当の中国ではない。嘆かわしい。

盛はネットの力で「正しい中国」を取り戻そうとしているのである。

「危機感を国中に知らせなければなりません。中国はいま、本当に危うい状態にあるのです」

熱い口調で盛は語る。

「このままでは中国がダメになる」

そう何度も繰り返した。

盛の顔が紅潮している。話すごとに表情が険しくなる。

そこに——私が知る日本の「愛国者」たちの顔が重なった。

「一党独裁の限界」を語る愛国者

北京で貿易業を営む楚京輝《チュウジンフィ》（38歳）は「尖閣国有化問題」で揺れた2012年の夏、友人とともに日本大使館に駆けつけた。誰に誘われたわけでも命令されたわけでもなく、「とにかく行かねばならないと思った」からだ。

「日本は中国領土を奪うな」と記されたプラカードを掲げ、ただ黙って何時間も立ち続けた。

彼もまた、それまでずっと、微博で日本に対する批判の書き込みを続けてきた。ネットが彼の「戦場」だった。だが、もはやネットの書き込みだけでは我慢できなくなった。

「直接、日本に怒りをぶつけたかったんです。これは単なる領土問題じゃない。歴史問題でもあるのです」と楚は力説する。

「日本は過去に中国を侵略したことを忘れている。加害者の記憶とはそんなものなのか。中国はまだ、被害を忘れてはいない。国土が侵された記憶が残っているんです。だから我々が釣魚島の権益に敏感となるのは当然でしょう。奪われた歴史を持つ者だからこそ、日本の軍国主義復活を恐れ、反省のない日本に怒っているのです」

その心情は理解できる、と私は伝えた。

反省どころか、過去の戦争を美化するような言説が、ほとんど抵抗なく流通しているような日本の現状を私も憂えている。だが、中国のむき出しのナショナリズムも怖い。それに今や中国は大国だ。覇権主義に怯える日本人の意識も理解できないだろうか。私はそう訴えた。

しかし、楚はそれに正面から答えることはなかった。

「デモの最中に日本車を壊したりするような連中のおかげで、日本に大きな誤解を与えてしまっていることを私も残念に思う。連中は愛国心を利用して騒ぎたいだけの人間だ。だが、それだけ中国人の怒りも大きいのです」

どこかで話が噛み合わない。

私は角度を変えて訊ねた。

——楚さんは愛国者ですよね。

「もちろんです」

——楚さんが愛する国とは、中国共産党が政権を握り続ける国のことですか？

楚はしばらくの間、無言のままだった。そして、こう続けた。

「中日友好を唱え続けるわが政府にも責任がある。いまの政府が民衆の声を代弁しているとは言い難い。一党独裁の限界です」

楚は「釣魚島」や「歴史」を語りながら、あるいはもっと大事なことを伝えたかったのかもしれないと思った。

「一党独裁の限界」。取材中、彼は何度もそう口にしている。

慎重に言葉を運ぼうとする楚を見ながら、私は「反日デモ」に絡まった複雑な思いを見たような気がした。

「国は国益を考えていない」

深圳《シンセン》に住む方暁松《ファンジャオソン》（35歳）は「中国民間保釣連合会」（領土返還をスローガンに掲げた市民団体）の活動家だ。坊主頭に鋭い眼光の方は一見、コワモテの雰囲気だが、意外にも腰が低く、口調も終始穏やかだった。ワインの輸出業を手掛ける青年実業家でもある。どこか物腰も洗練されていた。

2012年8月16日、方は香港の活動家とともに尖閣に上陸。待ち構えていた沖縄県警の警察官に不法入国で逮捕され、その後、国外退去処分を受けた。警察官に両腕をつかまれたまま大声でわめき続ける方の姿は、日本のニュース番組でも放映されている。

深圳のカフェで、方は静かに、しかし鋭い目つきはそのままに「釣魚島は中国の領土であることは明白だ」と何度も繰り返した。

「明の時代から釣魚島は中国の領土だった。その動かすことのできない事実を、日本はなぜ覆そうとするのか。しかも中国は日本に配慮して、長きにわたり、この問題を棚上げしてきた。いつも挑発してくるのは日本だ」

私は「尖閣問題」そのものに、さしたる関心はない。重要な政治課題から逃避するため、あるいは政治的な求心力として利用されるこの問題に煽られることだけは嫌だと思ってきた。しかし、国家を代弁するような物言いに直面すると、ついつい、こちらも挑発したくなる。

「70年代に海底資源の存在が明らかとなるまで、中国が尖閣に言及したことってありましたっけ？　そもそも、それまで中国が発行する地図でも、尖閣は日本領土となっていたはずです」

方は顔色ひとつ変えずに答えた。

「中国はずっと貧しかった。国際的な発言力もなかった。だからこそ無駄な戦いを避けるために声高に主張することを避けてきただけです」

だからどうした、とでも言いたげな表情を顔に浮かべでいた。

方は04年頃からネットで「釣魚島」に関する書き込みを続けてきた。この年の3月、中国人活動家7人が尖閣へ上陸するといった「事件」が起きている。方はこれに刺激を受けたのだ。ネットで島の歴史を学び、自国の領土だとする材料を集めた。さらにそれを微博などで広める。10年には「中国民間保釣連合会」に加入。以降、深圳支部の責任者に就任し、地元でおこなわれる抗日デモの先頭に立ってきた。

そんな方も「愛国」を強調しながら、ときに矛先を国に向ける。

「公安（警察）も政府も、中日友好の建前ばかりを重視して、国益を考えていない。自国が屈辱を受けても『いま、相手を刺激してはいけない』と言うばかりだ。実際、私が釣魚島に向かおうとしたとき、真っ先にそれを阻止しようとしたのが我が国の公安です」

方はしかめっ面を私に向けた。国に対する苛立ちが、その表情に表れていた。

嘲笑される「愛国者」たち

私が中国で出会った人の多くは、実は「反日デモ」にも「釣魚島」にも無関心だった。ある雑誌記者は「盛り上がっているのは愛国を合言葉に鬱憤晴らしをしたいだけの連中」だと吐き捨てるように言い、別の記者は「抗日というスローガンにしか生きがいを感じることのできない下層階級の人々」だと断言した。

また、IT企業に勤める若者は「時代遅れの毛沢東派がカネを握らされて躍っているだけ」と決めつける。彼に日本での「反中感情」を伝えると、即座に「俺も中国嫌いだよ」と、さらっと言ってのけた。

安普請の家でパソコンを武器に愛国の情熱をぶつける盛興元も、抗議のために日本大使館に駆けつけた楚京輝も、そして尖閣上陸を果たした方暁松も、私の実感からすれば少数派である。

ぶんぶん腕を振り回し、激しく愛国を訴えながら、実はまるで言葉が届いていない。彼らが愛する国でさえ、彼らを守ってくれるわけではない。

その焦燥が、ますます彼らの行動に激しさを与えているのではないかと私は思うのだ。

「中国・北朝鮮とも戦う！」

韓国・ソウル——。

日本大使館前に現れた男はカバンの中から折りたたんだプラカードを取り出し、大使館を背景に立つと、さっとそれを広げた。

「独島《トクト》（竹島の韓国名）死守」「独島は韓国領だ」「Ｄｏｋｕｄｏ？　Ｙｅｓ！Ｔａｋｅｓｈｉｍａ？　Ｎｏ！」

大極旗や竹島の写真を張り付けた半畳ほどのプラカードには日英韓の３か国語でゴチャゴチャとスローガンが並べられる。センスが良いとはいえないが、ストレートでわかりやすい主張は一目瞭然だ。

洪貞植《ホンジョンシク》（62歳）。過激な民族主義団体として知られる「活貧団《ファルヒンダン》」のリーダーである。

洪は私に対して次のように自己紹介した。

「私はラディカルで進歩的な右翼です。そして愛国主義者ですよ。我が国の主権を脅

ソウルの日本大使館前で抗議行動する洪さん

かす相手に対しては、徹底的に抗議する。抗議の対象は独島を狙う日本だけじゃない。中国に対しても、北朝鮮に対しても、私は戦っている」

そう口にしながら、洪は胸ポケットから一枚の写真を撮りだした。写っていたのは、韓国の元大統領、朴正熙《パクチョンヒ》である。

「私が尊敬する人物です。彼こそが韓国を発展させた偉大な愛国主義者だよ」

独裁者、冷徹な反共主義者として知られる朴正熙の写真を、彼はアイドル歌手のプロマイドを愛でるような手つきで掲げると、しげしげと見つめた。

「声東撃西」の日々

活貧団の活動は相当にハチャメチャな歴史で彩られている。

2001年。教科書問題に抗議するため、日本の首相、天皇などに短刀、垢すりタオルなどを送りつけた。短刀は韓国人の怒りを、垢すりタオルは「軍国主義の垢を洗い落とせ」という意味があったのだという。しかし開封もされずに返送されると、洪ら活貧団のメンバーは日本に出向き、文部科学省前で抗議活動を展開した。たまたま居合わせた日本の右翼団体と口論になると、洪は日の丸の旗にライターの火を近づけて「燃やすぞ!」と脅した(逮捕されるのがイヤだったので実際は火をつけることはしなかった)。

2004年にはキヤノンと業務提携する韓国の財閥LGグループの不買運動を展開

した。キヤノンが主催した展示会会場に掲げられた日本地図に「竹島」との表記があったからだという。

また、この年には再び日本を訪れ、皇居前で「反日街宣」をおこなった。皇居の敷地内に入ろうとしたが警察官に止められ、しかたなく皇居の見える場所で立ち小便をしてから帰国したという。

2012年10月にも来日している。竹島問題で日本政府に抗議するためだ。このときには事前にネットで「日本に乗り込む」と宣言したため、日本側でも対決姿勢を強めた団体があった。

あの「在特会」である。かねてより活貧団を「反日テロ組織」だと攻撃してきた在特会は「韓国反日組織・活貧団によるテロを許すな」と声明を発表し、皇居前で緊急街宣をおこなった。過激な排外主義者同士が衝突するのではとネット上では期待と興味を持って成り行きが注視されたが、結局、活貧団は皇居に姿を現さなかった。

「警備が厳しいので、皇居の代わりに富士山に行ったよ。五合目までバスで登り、土の中に日の丸を埋めてきた」

洪はさらっと言ってのける。これは日本に反省を促す儀式なのだという。

ほかにもコトあれば日本大使館などに駆けつけ、教科書問題、領土問題、歴史認識の問題など、日本と対立する様々なテーマで街宣活動をおこなうのが活貧団なのである。

洪さんも忙しいですね。皮肉交じりに声をかけると、洪は私のメモ帳とボールペンを奪い、「声東撃西」となかなかの達筆で記した。

「東で声を荒げて西で攻撃を仕掛ける。それが私の仕事です」

彼は生真面目に答えた。

「神風」に憧れる反日活動家

夜、ソウルの日本料理屋で酒を飲みながら、洪は私に漏らした。

「私はねえ、神風特攻隊を尊敬しているんだよ」

かなり呂律が怪しくなっていたが、洪は真剣なまなざしを私に向けながら、話を続けた。

「若者たちが国のために命を賭けたんだ。私の憧れだよ。今の韓国にはそこまで気概のある若者がいるのかどうか。本当の愛国者なんて、この国にはわずかしかいないんだよ」

国のために命を捨てることのできる人間は素晴らしい。洪はグラスを次々と空けながら何度も繰り返した。

洪が懐かしむのは朴正熙が実権を握っていた時代である。戦火で焼け野原となった韓国を復興させ、共産主義者を取り締まり、外圧にもめげなかった維新体制！

「なかなか理解されないんだがね」

韓国内の保守・愛国陣営においても異端児扱いされる洪の孤独が、その口調に滲んでいるようにも思えた。常軌を逸した過激な行動は、その裏返しなのかもしれない。

活貧団も報道などによって知名度こそあるが、会員数はそれほど多くない。韓国人記者は「ネットで彼らを賞賛する声も少なくないが、実際の会員数は数十人程度。活動に姿を見せる常連は数人くらいのものだろう。政治的な影響力はないに等しい」と冷ややかに突き放す。活動資金は洪の退職金と、シンパからの寄付で賄っていると洪は話す。

「企業からカネをもらえる日本の右翼がうらやましいよ。韓国の企業は愛国活動に無関心だ。ヤツらは会社の利益にしか興味がない」

饒舌な洪も、カネや団員数の話になると、心なしかトーンが落ちる。それ以上に困惑した表情を見せたのは、家族について私が問うたときだった。

「妻とは離婚した。活動が忙しくなってから、あまりうまくいかなくなった。成人した子どもも二人いるが、私の活動に興味はないらしい。連中が幼いころは、私の活動についてきてくれたんだがなあ……。今は『好きなようにすればいい』としか言ってくれない」

当然ですよ、という言葉を私は飲み込んだ。洪があまりにも苦しそうな顔つきを見せたからだ。

誰よりも愛国者になりたいと願いながら、誰からも理解されない。誰よりも国を愛しているのに、国から評価を受けることもない。その悔しさと焦りが表情に浮かんでいた。

〝共振〟する仲間は連帯できるか

奪われたものを取り返すだけだ——険しい表情で私に迫った在特会員の言葉がよみがえる。

その喪失感は、私が会った中国の、韓国の「愛国者」に共通するものだ。

日章旗、毛沢東、朴正煕。「愛国者」たちが求めてやまないのは、いずれも過去の「栄光」である。

ある在特会員は、初めて日章旗を手にして街頭に立ったとき「ようやく本当の日本人になれたような気がした」と私に伝えた。ほんの一瞬ではあったけれど、彼は日本を「取り戻した」のだ。自分のなかだけで。

そうすることでしか自我を保てないのだとすれば、正直、しんどいだろうなあと思う。

仮に「取り戻した」として、何を獲得できるというのか。日章旗を掲げ他者を罵ることで、どうにか高揚を味わったとしても、それは束の間の熱狂にすぎない。

一方、そんな喪失感と高揚感を、本当の意味で理解できるのは、実は中国や韓国の「愛国者」たちではないかとも思うのだ。

誰よりも国を愛していながらも、けっして社会のメインストリームに乗ることができず、ぎらぎらした感情を持て余している彼らこそ〝共振〟できる仲間として連帯できるのではないか。あるいは、韓国だとか日本や中国といった属性とは別の、共通の「敵」

を見出すことができるのではないか。

もちろん私は差別を許さない。属性を攻撃し、人としての尊厳を貶めるようなヘイトスピーチを許さない。その言葉に脅え、泣いている者がいることを忘れない。

被害者を生み出す運動などクソくらえだ。

だからこそ、「愛国者」が抱えるしんどい思いが、しんどさを生み出す「源流」に向かわないものかと願っている。

社会から「生きやすさ」を奪ったのは——在日じゃない。近隣諸国の人たちでもない。

相対的な力関係を利用して、社会的少数者を罵倒したって世の中は少しも変わらないのだ。

隣人を「悪魔化」して高揚する愚かしさ
――あとがきに代えて

「殺せ」「出て行け」、在日コリアンに対するヘイトスピーチを垂れ流すデモを新大久保で初めて見て思い出したのは、バルカン半島で遭遇した忌まわしく愚かな事件である。

◉

1999年のNATO軍の空爆後、平和が訪れたとされるコソボで排外主義が燃え盛った最悪の暴動があった。ほとんどのマスメディアは伝えなかったが、それは2004年の3月17日に起きた。

この日、暴徒と化したアルバニア系住民はスミリャネ、リュプリャン、オビリッチなどのセルビア人の村々を襲い、発砲と放火による「民族浄化」を行なった。その結果、非アルバニア人19人が殺され、約600人が負傷、約4500人が家を焼かれて難民になった。中世から残るセルビア正教の歴史的建造物も多数破壊された。特に南部のスミリャネ村は怒り狂った約3000人のアルバニア人に包囲されて、ほとんどの家が焼かれた。

私が取材した難民のMさんは駐留するKFOR（コソボ治安維持部隊）指揮下のモロッコ軍の基地に逃げ込んで惨状を訴えた。しかし、治安維持のために存在するはずの同軍隊は暴動を止めようともせず、Mさんはただそこから生まれ育った村が燃え続ける様子をまる2日間眺めることしかできなかった。この暴動はひとつの風聞から始まった。

「セルビア人が犬をけしかけてアルバニア人の子ども3人を川に追い込んで溺死させた」というものである。

その子どもが亡くなった現場、ミトロビッツァ近郊のチャブラ村に行ってみると、溺れたというイバル川の水深は20センチほどしかなく、当初から矛盾点は多かった。遺族である父親にも会った。犬をけしかけられたと証言したのは息子の友人で、14歳の少年だったという。

「逃げ帰って来たF（少年の名前）が『セルビア人にやられた』と親戚宅で告げた。その12時間後に息子の遺体が上がったのです。コソボは血を流しすぎた。セルビア人の犯罪者とはもう共存ができない。しかし、犯罪を犯していないセルビア人はいつでもコソボに帰って来れば良い。彼らに対して扉は開かれているべきだ」

非常に理性的な父親であった。それでも息子はセルビア人に殺されたと信じて疑わなかった。否、今思うと疑わない振りをしていたのかもしれない。

暴動に加わった民兵に聞くと、ニュースソースは口コミであったこと、そして同時に暴動での高揚感を興奮した口調で語った。

「難民は勝手に自分で家を燃やして出て行ったんだ」

最終的に、捜査をしていたUNMIK（国連コソボ暫定行政ミッション）警察はこの子どもの証言は事実無根であったと否定した。

情報の発信源の精査もなくデモーナイゼーション（悪魔化）されて大きな悲劇が起こった典型的な例である。よしんば、犯行がセルビア人によって行なわれたものであったとしても、何の罪も無い、たまたま同じ民族であるというだけの理由で約4500人の居住者を追い出す理由になるはずがない。

◉

現在のインターネット上で飛び交っている不寛容で一方的な言説、そしてそこから飛び出した排外デモを見る度に、このチャブラ村から出たデマと暴動を想起する。

検証も傍証も必要とされない流言飛語や「在日特権」という都市伝説を鵜呑みにし、本人にはどうしようもない属性で差別をする。山深いコソボでの口コミとSNS（ソーシャル・ネットワーク・サイト）の差こそあれ、リテラシーを機能させようともしないその構造に変わりはない。

北朝鮮の拉致や核実験に抗議するのならばその政府に対して行なうべきであり、いわんやヒステリックに在日コリアンの子どもを差別するのは全く筋が違う。

ユーゴスラビア研究の第一人者である田中一生さんは、拙著『悪者見参』（集英社文庫）の解説に寺山修司の短歌と一緒にこんな言葉を贈ってくれた。

『広辞苑だと民族の定義は、「文化の伝統を共有することによって歴史的に形成され、同族意識をもつ人々の集団」一方、ヨーロッパの警句では「民族とは、自分たちの先祖に対して抱く共通の誤解と、自分たちの隣人に対して抱く共通の嫌悪によって、結びつけられた人々の集団である」ともいう』

結びつけるために隣人に対する共通の嫌悪を煽る者が、確かにいる。そんな政治家、すなわち他民族を攻撃することで愛国者を名乗った権力者がユーゴを内戦に導いた。ユーゴは崩壊しなければすでにEC（現EU）に加盟が決まっていたのである。分離独立するならば拙速に事を運ばず、加盟後に緩やかに移行すべきだった。さすれば多大な血を流さずに済んだ。

しかし、社会環境に不満があり、属性にしか「誇り」を持てない人間にとって、同じ民族の人間が他の民族を攻撃する過激な言葉は極めて魅力的に響く。そんなアジテーターにも数多く会ってきた。

「セルビア人を殺すことで周囲に評価される風潮は確かにあった。英雄主義と言っていいだろう」

（10代でコソボ解放軍に志願したS将校）

「目的はこの土地から全てのセルビア人を追い出すこと。そして彼らが二度と生息しない国を作ること」

（同じくコソボ解放軍のH司令官）

「ボスニアでは危険なムスリムを追い出すという正しい民族浄化をした。コソボのシプタル（アルバニア人の蔑称）はアルバニア本国に追い出さなくてはいけない。自分の私兵を軍の補充のために後から送った。ＥＵに国を売った売国奴野郎のジンジッチ（首相２００３年3月に暗殺）に鉄槌を下せ」
（ハーグ戦犯法廷の被告席に自ら立った反米右翼のセルビア急進党党首シェシェリ）

「ジンジッチを殺せ。ジンジッチを殺せ。ムスリムはスレブレニツァ（約８０００人のボシャナク人がセルビア共和国軍に殺された虐殺事件）を忘れるな」
（セルビア急進党党員）

「ボスニアは我々クロアチアの土地である。ボスニアを併合してこそ、本当のクロアチアになるのだ。私はハイケネンは飲まない。ビンの緑色がムスリムの色だからだ」
（クロアチア純粋権利党議員）

明日をも分からないバルカン半島の社会不安の中でこれらが甘言として響いた。

本来、一国の政治家の役目は不安定な世の中に蔓延するナショナリズムを俯瞰した視点から理性を持って抑制する事である。ユーゴ紛争を振り返るインタビューの最後に映画監督エミール・クストリッツァは、こう吐き捨てた。

「あの戦争は市民が殺し合ったのではない。市民は殺し合いをさせられたのだ。原因は政治家にあった。少数民族を取り巻く問題と言うのは、一部の政治家が扇動家として選挙民の支持をあげるその道具として使っている。奴らは罪深いことを平気でやっている。文明化された政治家の方こそが野蛮人だった」

今の日本、東アジアはどうだろうか。抑制するどころか、そこに便乗してポピュリズムに走る御仁がいる。最も安直で最もやってはいけない人気取りだ。デジャヴを見るようで仕方がない。

◉

最後に編集の労を取った「ころから」の木瀬貴吉さんに謝辞を。出来たばかりの小さな出版社だが、それでも排外主義者へのカウンター活動ができるぞ、との気概を見せたかったという。日本で起きたレイシズムは日本人の俺らがかたをつけないとあかんやろう、という考えが私と一致した。

2013年初夏　木村元彦

木村元彦（きむら・ゆきひこ）
1962年愛知県生まれ。疾走プロダクションなどを経て、フリージャーナリストに。旧ユーゴの民族紛争を中心に取材。代表作に『悪者見参』『オシムの言葉』など。

園子温（その・しおん）
1961年愛知県生まれ。大学中退後に自主制作映画デビュー。『自転車吐息』（90年）はベルリン映画祭に正式招待される。代表作に『冷たい熱帯魚』『希望の国』など。

安田浩一（やすだ・こういち）
1964年静岡県生まれ。週刊誌記者を経てフリーライターに。外国人労働者問題などを取材。代表作に『ネットと愛国』『ルポ差別と貧困の外国人労働者』など。

ナショナリズムの誘惑

2013年6月15日初版発行

定価1400円+税

著者　木村元彦
　　　園子温
　　　安田浩一

装丁　安藤順

パブリッシャー　木瀬貴吉

発行　ころから

〒115-0045 東京都北区赤羽1-19-7-603

TEL 03-5939-7950　FAX 03-5939-7951

MAIL office@korocolor.com

HP http://korocolor.com/

ISBN978-4-907239-02-2 C0036